首都圏版㉟ **類似問題で効率のよい志望校対策を！**

東京学芸大学附属
大泉小学校

ステップアップ問題集

2021 年度版

志望校の出題傾向・意図をおさえた豊富な類似問題で合格後の学習にも役立つ力が身に付く！！

●すぐに使える **プリント式！** ●全問 **アドバイス付！**

JN126426

必ずおさえたい問題集

東京学芸大学附属大泉小学校

お話の記憶	1話5分の読み聞かせお話集①②
常識	Ｊｒ・ウォッチャー34「季節」
常識	Ｊｒ・ウォッチャー56「マナーとルール」
図形	Ｊｒ・ウォッチャー5「回転・展開」
数量	Ｊｒ・ウォッチャー37「選んで数える」

全30問収録！

日本学習図書（ニチガク）

分野別 小学入試練習帳 ジュニアウォッチャー

1. 点・線図形	小学校入試で出題頻度の高い『点・線図形』の模写を、難易度の低いものから段階別に幅広く練習することができるように構成。
2. 座標	図形の位置模写という作業を、難易度の低いものから段階別に練習できるように構成。
3. パズル	様々なパズルの問題を難易度の低いものから段階別に練習できるように構成。
4. 同図形探し	小学校入試で出題頻度の高い、同図形選びの問題を繰り返し練習できるように構成。
5. 回転・展開	図形などを回転、または展開したとき、形がどのように変化するかを学習し、理解を深められるように構成。
6. 系列	数、図形などの様々な系列問題を、難易度の低いものから段階別に練習できるように構成。
7. 迷路	迷路の問題を繰り返し練習できるように構成。
8. 対称	対称に関する問題を4つのテーマに分類し、各テーマごとに問題を段階別に練習できるように構成。
9. 合成	図形の合成に関する問題を、難易度の低いものから段階別に練習できるように構成。
10. 四方からの観察	もの（立体）を様々な角度から見て、どのように見えるかを推理する問題を段階別に整理し、1つの形式で複数の問題を練習できるように構成。
11. いろいろな仲間	ものや動物、植物の共通点を見つけ、分類していく問題を中心に構成。
12. 日常生活	日常生活における様々な問題を6つのテーマに分類し、各テーマごとに一つの問題形式で複数の問題を練習できるように構成。
13. 時間の流れ	『時間』に着目し、様々なものごとは、時間が経過するとどのように変化するのかということを学習し、理解できるように構成。
14. 数える	様々なものを『数える』ことから、数の多少の判定やかけ算、わり算の基礎までを練習できるように構成。
15. 比較	比較に関する問題を5つのテーマ（数、高さ、長さ、量、重さ）に分類し、各テーマごとに問題を段階別に練習できるように構成。
16. 積み木	数える対象を積み木に限定した問題集。
17. 言葉の音遊び	言葉の音に関する問題を5つのテーマに分類し、各テーマごとに問題を段階別に練習できるように構成。
18. いろいろな言葉	表現力をより豊かにするいろいろな言葉として、擬態語や擬声語、同音異義語、反意語、数詞を取り上げた問題集。
19. お話の記憶	お話を聴いてその内容を記憶、理解し、設問に答える形式の問題集。
20. 見る記憶・聴く記憶	「見て憶える」「聴いて憶える」という『記憶』分野に特化した問題集。
21. お話作り	いくつかの絵を元にしてお話を作る練習をして、想像力を養うことができるように構成。
22. 想像画	描かれてある形や景色に好きな絵を描くことにより、想像力を養うことができるように構成。
23. 切る・貼る・塗る	小学校入試で出題頻度の高い、はさみやのりなどを用いた巧緻性の問題を繰り返し練習できるように構成。
24• 絵画	小学校入試で出題頻度の高い、お絵かきやぬり絵などクレヨンやクーピーペンを用いた巧緻性の問題を繰り返し練習できるように構成。
25. 生活巧緻性	小学校入試で出題頻度の高い日常生活の様々な場面における巧緻性の問題集。
26. 文字・数字	ひらがなの清音、濁音、拗音、拗長音、促音と1～20までの数字に焦点を絞り、練習できるように構成。
27. 理科	小学校入試で出題頻度が高くなりつつある理科の問題を集めた問題集。
28. 運動	出題頻度の高い運動問題を種目別に分けて構成。
29. 行動観察	項目ごとに問題提起をし、「このような時はどうか、あるいはどう対処するのか」の観点から問いかける形式の問題集。
30. 生活習慣	学校から家庭に提起された問題と思って、一問一問絵を見ながら話し合い、考える形式の問題集。

31. 推理思考	数、量、言語、常識（含理科、一般）など、諸々のジャンルから問題を構成し、近年の小学校入試問題傾向に沿って構成。
32. ブラックボックス	箱や筒の中を通ると、どのようなお約束でどのように変化するかを推理・思考する問題集。
33. シーソー	重さの違うものをシーソーに乗せた時どちらに傾くのか、またどうすればシーソーは釣り合うのかを思考する基礎的な問題集。
34. 季節	様々な行事や植物などを季節別に分類できるように知識をつける問題集。
35. 重ね図形	小学校入試で頻繁に出題されている「図形を重ね合わせてできる形」についての問題を集めました。
36. 同数発見	様々な物を数え「同じ数」を発見し、数の多少の判断や数の認識の基礎を学べるように構成した問題集。
37. 選んで数える	数の学習の基本となる、いろいろなものの数を正しく数える学習を行う問題集。
38. たし算・ひき算1	数字を使わず、たし算とひき算の基礎を身につけるための問題集。
39. たし算・ひき算2	数字を使わず、たし算とひき算の基礎を身につけるための問題集。
40. 数を分ける	数を等しく分ける問題です。等しく分けたときに余りが出るものもあります。
41. 数の構成	ある数がどのような数で構成されているか学んでいきます。
42. 一対多の対応	一対一の対応から、一対多の対応まで、かけ算の考え方の基礎学習を行います。
43. 数のやりとり	あげたり、もらったり、数の変化をしっかりと学びます。
44. 見えない数	指定された条件から数を導き出します。
45. 図形分割	図形の分割に関する問題集。パズルや合成の分野にも通じる様々な問題を集めました。
46. 回転図形	「回転図形」に関する問題集。やさしい問題から始め、いくつかの代表的なパターンから、段階を踏んで学習できるよう編集されています。
47. 座標の移動	「マス目の指示通りに移動する問題」と「指示された数だけ移動する問題」を収録。
48. 鏡図形	鏡で左右反転させた時の見え方を考えます。平面図形から立体図形、文字、絵まで。
49. しりとり	すべての学習の基礎となる「言葉」を学ぶこと、特に「語彙」を増やすことに重点をおき、さまざまなタイプの「しりとり」問題を集めました。
50. 観覧車	観覧車やメリーゴーラウンドなどを舞台にした「回転系列」の問題集。「推理思考」分野の問題ですが、要素として「図形」や「数量」も含みます。
51. 運筆①	鉛筆の持ち方を学び、点線なぞり、お手本を見ながらの模写で、線を引く練習をします。
52. 運筆②	運筆①からさらに発展し、「欠所補完」や「迷路」などを楽しみながら、より複雑な鉛筆運びを習得することを目指します。
53. 四方からの観察 積み木編	積み木を使用した「四方からの観察」に関する問題を練習できるように構成。
54. 図形の構成	見本の図形がどのような部分によって形づくられているかを考えます。
55. 理科②	理科的知識に関する問題を集中して練習する「常識」分野の問題集。
56. マナーとルール	道路や駅、公共の場でのマナー、安全や衛生に関する常識を学べるように構成。
57. 置き換え	さまざまな具体的・抽象的事象を記号で表す「置き換え」の問題を扱います。
58. 比較②	長さ・高さ・体積・数などを数学的な知識を使わず、論理的に推測する「比較」の問題を練習できるように構成。
59. 欠所補完	線と線のつながり、欠けた絵に当てはまるものなどを求める「欠所補完」に取り組める問題集です。
60. 言葉の音（おん）	しりとり、決まった順番の音をつなげるなど、「言葉の音」に関する問題に取り組める練習問題集です。

◆◆ニチガクのおすすめ問題集◆◆

より充実した家庭学習を目指し、ニチガクではさまざまな問題集をとりそろえております!!

サクセスウォッチャーズ（全18巻）

①～⑱
本体各￥2,200＋税

全9分野を「基礎必修編」「実力アップ編」の2巻でカバーした、合計18冊。

各巻80問と豊富な問題数に加え、他の問題集では掲載していない詳しいアドバイスが、お子さまを指導する際に役立ちます。

各ページが、すぐに使えるミシン目付き。本番を意識したドリルワークが可能です。

ジュニアウォッチャー（既刊60巻）

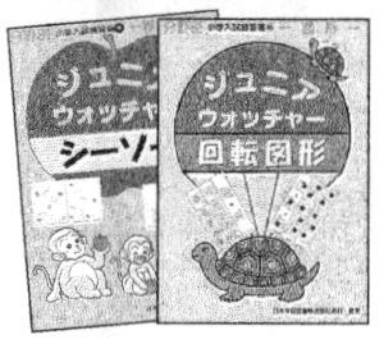

①～60（以下続刊）
本体各￥1,500＋税

入試出題頻度の高い9分野を、さらに60の項目にまで細分化。基礎学習に最適のシリーズ。

苦手分野におけるつまずきを、効率よく克服するための60冊です。

ポイントが絞られているため、無駄なく高い効果を得られます。

国立・私立NEWウォッチャーズ

言語／理科／図形／記憶
常識／数量／推理
本体各￥2,000＋税

シリーズ累計発行部数40万部以上を誇る大ベストセラー「ウォッチャーズシリーズ」の趣旨を引き継ぐ新シリーズ!!

実際に出題された過去問の「類題」を32問掲載。全問に「解答のポイント」付きだから家庭学習に最適です。「ミシン目」付き切り離し可能なプリント学習タイプ！

実践 ゆびさきトレーニング①・②・③

本体各￥2,500＋税

制作問題に特化した一冊。有名校が実際に出題した類似問題を35問掲載。

様々な道具の扱い（はさみ・のり・セロハンテープの使い方）から、手先・指先の訓練（ちぎる・貼る・塗る・切る・結ぶ）、また、表現することの楽しさも経験できる問題集です。

お話の記憶・読み聞かせ

［お話の記憶問題集］
中級／上級編
本体各￥2,000＋税

初級／過去類似編／ベスト30
本体各￥2,600＋税

1話5分の読み聞かせお話集①・②、入試実践編①
本体各￥1,800＋税

あらゆる学習に不可欠な、語彙力・集中力・記憶力・理解力・想像力を養うと言われているのが「お話の記憶」分野の問題。問題集は全問アドバイス付き。

分野別 苦手克服シリーズ（全6巻）

図形／数量／言語／
常識／記憶／推理
本体各￥2,000＋税

数量・図形・言語・常識・記憶の6分野。アンケートに基づいて、多くのお子さまがつまづきやすい苦手問題を、それぞれ40問掲載しました。

全問アドバイス付きですので、ご家庭において、そのつまづきを解消するためのプロセスも理解できます。

運動テスト・ノンペーパーテスト問題集

新 運動テスト問題集
本体￥2,200＋税

新 ノンペーパーテスト問題集
本体￥2,600＋税

ノンペーパーテストは国立・私立小学校で幅広く出題される、筆記用具を使用しない分野の問題を全40問掲載。

運動テスト問題集は運動分野に特化した問題集です。指示の理解や、ルールを守る訓練など、ポイントを押さえた学習に最適。全35問掲載。

口頭試問・面接テスト問題集

新 口頭試問・個別テスト問題集
本体￥2,500＋税

面接テスト問題集
本体￥2,000＋税

口頭試問は、主に個別テストとして口頭で出題解答を行うテスト形式。面接は、主に「考え」やふだんの「あり方」をたずねられるものです。

口頭で答える点は同じですが、内容は大きく異なります。想定する質問内容や答え方の幅を広げるために、どちらも手にとっていただきたい問題集です。

小学校受験 厳選難問集 ①・②

本体各￥2,600＋税

実際に出題された入試問題の中から、難易度の高い問題をピックアップし、アレンジした問題集。応用問題への挑戦は、基礎の理解度を測るだけでなく、お子さまの達成感・知的好奇心を触発します。

①は数量・図形・推理・言語、②は位置・常識・比較・記憶分野の難問を掲載。それぞれ40問。

国立小学校　対策問題集

国立小学校入試問題A・B・C（全3巻）本体各￥3,282＋税

新 国立小学校直前集中講座
本体￥3,000＋税

国立小学校頻出の問題を厳選。細かな指導方法やアドバイスが掲載してあり、効率的な学習が進められます。「総集編」は難易度別にA～Cの3冊。付録のレーダーチャートにより得意・不得意を認識でき、国立小学校受験対策に最適です。入試直前の対策には「新 直前集中講座」！

おうちでチャレンジ ①・②

本体各￥1,800＋税

関西最大級の模擬試験である小学校受験標準テストのペーパー問題を編集した実力養成に最適な問題集。延べ受験者数10,000人以上のデータを分析しお子さまの習熟度・到達度を一目で判別。

保護者必読の特別アドバイス収録！

Q＆Aシリーズ

『小学校受験で知っておくべき125のこと』
『小学校受験に関する保護者の悩みQ＆A』
『新 小学校受験の入試面接Q＆A』
『新 小学校受験 願書・アンケート文例集500』
本体各￥2,600＋税
『小学校受験のための
願書の書き方から面接まで』
本体￥2,500＋税

「知りたい！」「聞きたい！」「こんな時どうすれば…？」そんな疑問や悩みにお答えする、オススメの人気シリーズです。

書籍についてのご注文・お問い合わせ
☎ 03-5261-8951

http://www.nichigaku.jp
※ご注文方法、書籍についての詳細は、Webサイトをご覧ください。

日本学習図書　検索

『読み聞かせ』×『質問』＝『聞く力』

お話の記憶の練習に最適

1話5分の
読み聞かせお話集①②

「アラビアン・ナイト」「アンデルセン童話」「イソップ寓話」「グリム童話」、日本や各国の民話、昔話、偉人伝の中から、教育的な物語や、過去に小学校入試でも出題された有名なお話を中心に掲載。お話ごとに、内容に関連したお子さまへの質問も掲載しています。「読み聞かせ」を通して、お子さまの『聞く力』を伸ばすことを目指します。

①巻・②巻　各48話

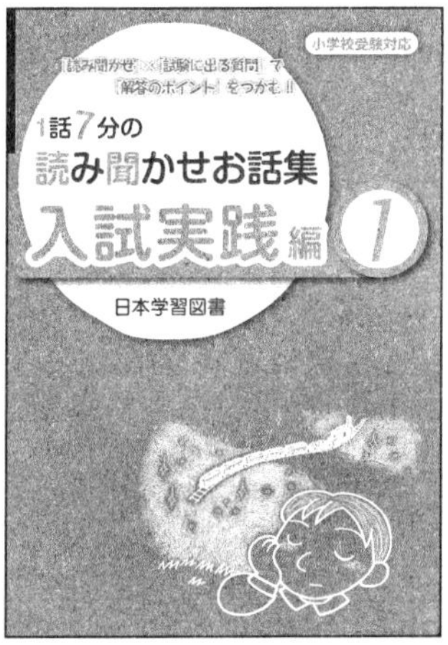

国立・私立小学校受験対応

1話7分の読み聞かせお話集
入試実践編①

最長1,700文字の長文のお話を掲載。有名でない＝「聞いたことのない」お話を聞くことで、『集中力』のアップを目指します。設問も、実際の試験を意識した設問としています。ペーパーテスト実施校の多くが「お話の記憶」の問題を出題します。毎日の「読み聞かせ」と「試験に出る質問」で、「解答のポイント」をつかんで臨みましょう！

50話収録

ニチガクの　この5冊で受験準備も万全！

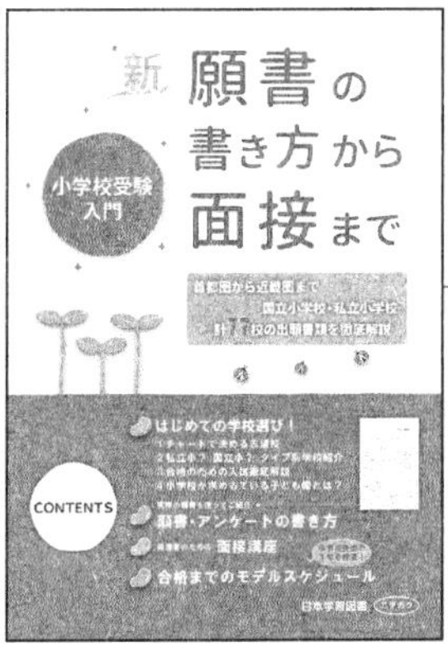

小学校受験入門
願書の書き方から面接まで　リニューアル版

主要私立・国立小学校の願書・面接内容を中心に、学校選びや入試の分野傾向、服装コーディネート、持ち物リストなども網羅し、受験準備全体をサポートします。

小学校受験で
知っておくべき125のこと

小学校受験の基本から怪しい「ウワサ」まで、保護者の方々からの125の質問にていねいに解答。目からウロコのお受験本。

新　小学校受験の
入試面接Q＆A　リニューアル版

過去十数年に遡り、面接での質問内容を網羅。小学校別、父親・母親・志願者別、さらに学校のこと・志望動機・お子さまについてなど分野ごとに模範解答例やアドバイスを掲載。

新　願書・アンケート
文例集500　リニューアル版

有名私立小、難関国立小の願書やアンケートに記入するための適切な文例を、質問の項目別に収録。合格を掴むためのヒントが満載！　願書を書く前に、ぜひ一度お読みください。

小学校受験に関する
保護者の悩みQ＆A

保護者の方約1,000人に、学習・生活・躾に関する悩みや問題を取材。その中から厳選した200例以上の悩みに、「ふだんの生活」と「入試直前」のアドバイス2本立てで悩みを解決。

日本学習図書株式会社

図書カード1000円分プレゼント

ご記入日 令和　　年　　月　　日

☆国・私立小学校受験アンケート☆

※可能な範囲でご記入下さい。選択肢は○で囲んで下さい。

〈小学校名〉＿＿＿＿＿＿＿＿＿＿　〈お子さまの性別〉男・女　〈誕生月〉＿＿月

〈その他の受験校〉（複数回答可）＿＿＿＿＿＿＿＿＿＿＿＿＿＿＿＿

〈受験日〉①：＿＿月＿＿日〈時間〉＿＿時＿＿分～＿＿時＿＿分

②：＿＿月＿＿日〈時間〉＿＿時＿＿分～＿＿時＿＿分

〈受験者数〉男女計＿＿名（男子＿＿名　女子＿＿名）

〈お子さまの服装〉＿＿＿＿＿＿＿＿＿＿＿＿＿＿

〈入試全体の流れ〉（記入例）準備体操→行動観察→ペーパーテスト

＿＿＿＿＿＿＿＿＿＿＿＿＿＿＿＿＿＿＿＿＿＿

Eメールによる情報提供

日本学習図書では、Eメールでも入試情報を募集しております。

下記のアドレスに、アンケートの内容をご入力の上、メールをお送り下さい。

ojuken@nichigaku.jp

●行動観察　（例）好きなおもちゃで遊ぶ・グループで協力するゲームなど

〈実施日〉＿＿月＿＿日〈時間〉＿＿時＿＿分～＿＿時＿＿分〈着替え〉□有　□無

〈出題方法〉□肉声　□録音　□その他（　　　　　）〈お手本〉□有　□無

〈試験形態〉□個別　□集団（　　　人程度）〈会場図〉

〈内容〉

□自由遊び

＿＿＿＿＿＿＿＿＿＿＿＿＿＿＿＿＿＿

□グループ活動

＿＿＿＿＿＿＿＿＿＿＿＿＿＿＿＿＿＿

□その他

＿＿＿＿＿＿＿＿＿＿＿＿＿＿＿＿＿＿

●運動テスト（有・無）　（例）跳び箱・チームでの競争など

〈実施日〉＿＿月＿＿日〈時間〉＿＿時＿＿分～＿＿時＿＿分〈着替え〉□有　□無

〈出題方法〉□肉声　□録音　□その他（　　　　　）〈お手本〉□有　□無

〈試験形態〉□個別　□集団（　　　人程度）〈会場図〉

〈内容〉

□サーキット運動

□走り　□跳び箱　□平均台　□ゴム跳び

□マット運動　□ボール運動　□なわ跳び

□クマ歩き

□グループ活動＿＿＿＿＿＿＿＿＿＿＿＿＿＿

□その他＿＿＿＿＿＿＿＿＿＿＿＿＿＿＿＿

●知能テスト・口頭試問

〈実施日〉 ＿＿月＿＿日 **〈時間〉** ＿＿時＿＿分 ～ ＿＿時＿＿分 **〈お手本〉** □有 □無

〈出題方法〉 □肉声 □録音 □その他（　　　　　） **〈問題数〉** ＿＿枚 ＿＿問

分野	方法	内　　容	詳　細・イ　ラ　ス　ト
(例) お話の記憶	☑筆記 □口頭	動物たちが待ち合わせをする話	(あらすじ) 動物たちが待ち合わせをした。最初にウサギさんが来た。次にイヌくんが、その次にネコさんが来た。最後にタヌキくんが来た。 (問題・イラスト) ３番目に来た動物は誰か 
お話の記憶	□筆記 □口頭		(あらすじ) (問題・イラスト)
図形	□筆記 □口頭		
言語	□筆記 □口頭		
常識	□筆記 □口頭		
数量	□筆記 □口頭		
推理	□筆記 □口頭		
その他	□筆記 □口頭		

日本学習図書株式会社

●制作　（例）ぬり絵・お絵かき・工作遊びなど

〈実施日〉＿＿月＿＿日　〈時間〉＿＿時＿＿分　～　＿＿時＿＿分

〈出題方法〉　□肉声　□録音　□その他（　　　　　　）　〈お手本〉□有　□無

〈試験形態〉　□個別　□集団（　　　　人程度）

材料・道具	制作内容
□ハサミ □のり（□つぼ　□液体　□スティック） □セロハンテープ □鉛筆　□クレヨン（　色） □クーピーペン（　色） □サインペン（　色）□ □画用紙（□ A4　□ B4　□ A3 　　□その他：　　　　　） □折り紙　□新聞紙　□粘土 □その他（　　　　　　）	□切る　□貼る　□塗る　□ちぎる　□結ぶ　□描く　□その他（　　　　　　） タイトル：＿＿＿＿＿＿＿＿

●面接

〈実施日〉＿＿月＿＿日　〈時間〉＿＿時＿＿分　～　＿＿時＿＿分〈面接担当者〉＿＿名

〈試験形態〉□志願者のみ（　　）名　□保護者のみ　□親子同時　□親子別々

〈質問内容〉

□志望動機　□お子さまの様子

□家庭の教育方針

□志望校についての知識・理解

□その他（　　　　　　　　　　）

（　詳　細　）

・

・

・

・

※試験会場の様子をご記入下さい。

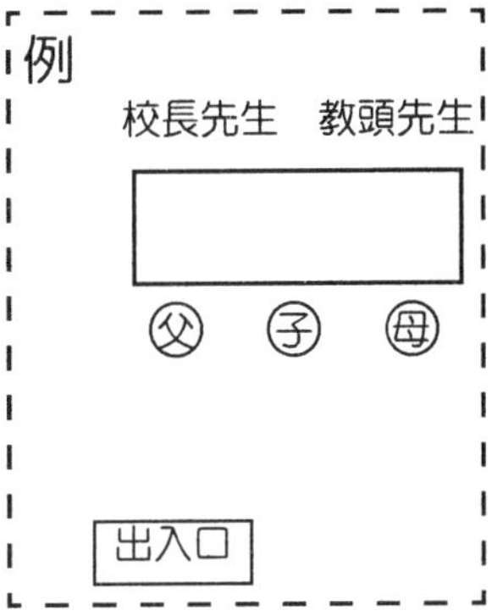

●保護者作文・アンケートの提出（有・無）

〈提出日〉　□面接直前　□出願時　□志願者考査中　□その他（　　　　　　　）

〈下書き〉　□有　□無

〈アンケート内容〉

（記入例）当校を志望した理由はなんですか（150 字）

●説明会（□有　□無）〈開催日〉＿＿月＿＿日〈時間〉＿＿時＿＿分＿＿～＿＿時＿＿分

〈上履き〉　□要　□不要　〈願書配布〉　□有　□無　〈校舎見学〉　□有　□無

〈ご感想〉

●参加された学校行事（複数回答可）

公開授業〈開催日〉＿＿月＿＿日〈時間〉＿＿時＿＿分＿＿～＿＿時＿＿分

運動会など〈開催日〉＿＿月＿＿日〈時間〉＿＿時＿＿分＿＿～＿＿時＿＿分

学習発表会・音楽会など〈開催日〉＿＿月＿＿日〈時間〉＿＿時＿＿分＿＿～＿＿時＿＿分

〈ご感想〉

※是非参加したほうがよいと感じた行事について

●受験を終えてのご感想、今後受験される方へのアドバイス

※対策学習（重点的に学習しておいた方がよい分野）、当日準備しておいたほうがよい物など

＊＊＊＊＊＊＊＊＊＊＊＊＊　ご記入ありがとうございました　＊＊＊＊＊＊＊＊＊＊＊＊＊

必要事項をご記入の上、ポストにご投函ください。

なお、本アンケートの送付期限は入試終了後３ヶ月とさせていただきます。また、入試に関する情報の記入量が当社の基準に満たない場合、謝礼の送付ができないことがございます。あらかじめご了承ください。

ご住所：〒＿＿＿＿＿＿＿＿＿＿＿＿＿＿＿＿

お名前：＿＿＿＿＿＿＿＿＿＿　メール：＿＿＿＿＿＿＿＿＿＿

ＴＥＬ：＿＿＿＿＿＿＿＿＿＿　ＦＡＸ：＿＿＿＿＿＿＿＿＿＿

ご記入頂いた個人に関する情報は、当社にて厳重に管理致します。弊社の個人情報取り扱いに関する詳細は、www.nichigaku.jp/policy.php の「個人情報の取り扱い」をご覧下さい。

目指せ！合格！

家庭学習ガイド
東京学芸大学附属大泉小学校

ペーパー　制作　口頭試問　行動観察　運動

入試情報

応募者数：男子 561名　女子 514名
出題形態：ペーパー・ノンペーパー
面　　接：志願者
出題領域：ペーパー（記憶、常識、図形、数量）、行動観察、運動テスト

入試対策

2020年度入試では、前年度と同様に第１次抽選が行われませんでした。発育総合調査では、１日目にペーパーテスト、行動観察、運動テストが行われ、２日目に、志願者面接（口頭試問）が実施されました。発育総合調査合格者となった児童の中から、さらに抽選を行い、その場で入学予定者を決定します。ペーパーテストでは、お話の記憶、常識、図形、数量などが出題されました。出題分野は例年と変わりありませんが、その内容は若干変化しています。例年それほど難しい問題ではないので、平均点は高くなる傾向にあります。入試にあたってはこれらの分野への対策をしっかりととり、ケアレスミスのないように落ち着いて問題に取り組んでください。

- ●ペーパーテストの常識問題、行動観察の両方で、お子さまの社会性、協調性が問われています。お子さまにはほかの人との関わり方や協力、ルールの大切さを学べる体験をさせてください。また、マナーに関する問題も多く扱われているので、公共の場での行動について、お子さまとしっかり話しあっておくとよいでしょう。
- ●面接では、「答えに対して、その理由を聞く」などの具体的な説明を求める質問がありました。
- ●「外国人のお友だち」とどう接するかという問題が、毎年出題されています。

必要とされる力　ベスト6

チャートで早わかり！

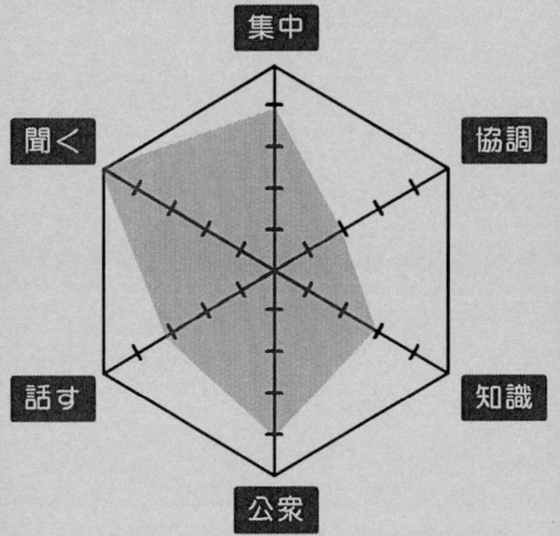

特に求められた力を集計し、左図にまとめました。
下図は各アイコンの説明です。

	アイコンの説明
集中	集　中　力…他のことに惑わされず１つのことに注意を向けて取り組む力
観察	観　察　力…２つのものの違いや詳細な部分に気付く力
聞く	聞　く　力…複雑な指示や長いお話を理解する力
考え	考える力…「～だから～だ」という思考ができる力
話す	話　す　力…自分の意志を伝え、人の意図を理解する力
語彙	語　彙　力…年齢相応の言葉を知っている力
創造	創　造　力…表現する力
公衆	公衆道徳…公衆場面におけるマナー、生活知識
知識	知　　　識…動植物、季節、一般常識の知識
協調	協　調　性…集団行動の中で、積極的かつ他人を思いやって行動する力

※各「力」の詳しい学習方法などは、ホームページに掲載してありますのでご覧ください。http://www.nichigaku.jp

「東京学芸大学附属大泉小学校」について

〈合格のためのアドバイス〉

当校の入学試験では例年大きな変更は見られません。このことから、「求められている児童像が定まっている」と読み取ることができます。また、知力・体力・躾など総合的なバランスの取れている児童を求めていることも試験全体からうかがえます。

試験内容に大きな変化がない分、「うちの子はこれができているから大丈夫」と思う保護者の方が多くいらっしゃいますが、倍率を考えると、合格するにはかなりの完成度が必要となります。特に行動面においては「できる」と「スムーズにできる」というだけでも大きな差が開きます。ですから、合格のボーダーラインに乗っているから大丈夫ではなく、その上を目指して取り組んでいくことが大切になります。

ペーパーテスト対策は、記憶、常識、図形、数量分野を中心に、基礎をしっかりと定着させることが大切です。発展的な問題に取り組む必要はありません。基礎レベルの問題を何題も繰り返していき、確実に理解させ、正確に答えられるところまで仕上げるつもりで取り組むとよいでしょう。また、常識分野の問題と口頭試問の両方で、コミュニケーションやマナーに関する問題が扱われています。これらの問題は、知識として知っているかどうかで答えるというよりは、お子さまの生活体験から正解を判断することが大事なポイントです。幼稚園でのできごと、お友だちとのやりとりなどを、お子さまとの会話で聞き取り、お子さまの考えや行動を保護者の方が知るとともに、お子さまが間違っていることをしているようでしたら、その都度指導して教えてあげるようにしましょう。なお、頻出のテーマは「外国人のお友だちとのコミュニケーション」「交通ルール」「食事・生活のマナー」などです。

巧緻性の問題に関しては、指示をしっかりと把握し、慌てずていねいに取り組むことが大切です。積極性が評価されるので、失敗を恐れず、チャレンジしてください。

〈2020年度選考〉

＜１日目＞

●ペーパーテスト（集団）
　お話の記憶、常識、図形、数量など

●運動（集団）
　模倣体操、両足ジャンプ

＜２日目＞

●巧緻性・面接（志願者のみ３名ずつ）

◇過去の応募状況

2020年度	男子561名	女子514名
2019年度	男子516名	女子444名
2018年度	男子658名	女子565名

〈本書掲載分以外の過去問題〉

◆巧緻：紙を貼り合わせて、犬小屋を作る。[2015年度]

◆常識：お母さんが熱を出した時、どうするかを答える。[2015年度]

◆図形：折り紙を開いた時の、正しい折れ線を選ぶ。[2015年度]

◆常識：海でよく見られる生き物を選ぶ。[2014年度]

東京学芸大学附属
大泉小学校

ステップアップ問題集

〈はじめに〉

現在、少子化が叫ばれているにもかかわらず、私立・国立小学校の入学試験には一定の応募者があります。入試は、ただやみくもに学習するだけでは成果を得ることはできません。志望校の過去における出題傾向を研究・把握した上で、練習を進めていくこと、その上で試験までに志願者の不得意分野を克服していくことが必須条件です。そこで、本問題集は小学校を受験される方々に、志望校の出題傾向をより詳しく知って頂くために、過去に遡り出題頻度の高い問題を結集いたしました。最新のデータを含む精選された過去問題集で実力をお付けください。

また、志望校の選択には弊社発行の「2021年度版　首都圏・東日本　国立・私立小学校　進学のてびき」「2021年度版　国立小学校入試ハンドブック」をぜひ参考になさってください。

〈本書ご使用方法〉

◆出題者は出題前に一度問題を通読し、出題内容などを把握した上で、〈 準 備 〉の欄に表記してあるものを用意してから始めてください。

◆お子さまに絵の頁を渡し、出題者が問題文を読む形式で出題してください。問題を読んだ後で、絵の頁を渡す問題もありますのでご注意ください。

◆「分野」は、問題の分野を表しています。弊社の問題集の分野に対応していますので、復習の際の目安にお役立てください。

◆問題番号右端のアイコンは、各問題に必要な力を表しています。詳しくは、アドバイス頁（ピンク色の１枚目下部）をご覧ください。

◆一部の描画や工作、常識等の問題については、解答が省略されているものがあります。お子さまの答えが成り立つか、出題者が各自でご判断ください。

◆〈 時 間 〉につきましては、目安とお考えください。

◆学習のポイントは、指導の際にご参考にしてください。

◆【おすすめ問題集】は各問題の基礎力養成や実力アップにご使用ください。

〈本書ご使用にあたっての注意点〉

◆文中に **この問題の絵は縦に使用してください。** と記載してある問題の絵は縦にしてお使いください。

◆〈 準 備 〉の欄で、クレヨンと表記してある場合は12色程度のものを、画用紙と表記してある場合は白い画用紙をご用意ください。

◆文中に **この問題の絵はありません。** と記載してある問題には絵の頁がありませんので、ご注意ください。なお、問題の絵の右上にある番号が連番でなくても、中央下の頁番号が連番の場合は落丁ではありません。

下記一覧表の●が付いている問題は絵がありません。

問題１	問題２	問題３	問題４	問題５	問題６	問題７	問題８	問題９	問題10
問題11	問題12	問題13	問題14	問題15	問題16	問題17	問題18	問題19	問題20
問題21	問題22	問題23	問題24	問題25	問題26	問題27	問題28	問題29	問題30

2021年度募集日程

【学校説明会】　~~2020年９月19日（土）~~中止
【募集要項・入学志願票の配付】
　　　　　　　2020年９月18日（金）～10月２日（金）／土日祝を除く
【入学志願票の受付】　2019年10月３日（土）・５日（月）・６日（火）
【選考日時】第１次選考（抽選）　　：2020年10月17日（土）
　　　　　　第２次選考（総合調査）：2020年10月25日（日）、26日（月）

※日程は９／９現在、判明している情報によるものです。

2020年度募集の応募者数等

【募集人員】　男子・・・・・45名　　女子・・・・・45名
【応募者数】　男子・・・・561名　　女子・・・・514名
【合格者数】　男子・・・・・45名　　女子・・・・・45名

🉐 先輩ママたちの声！

◆実際に受験をされた方からのアドバイスです。
ぜひ参考にしてください。

東京学芸大学附属大泉小学校

・説明会の願書配布後に、希望者は学校生活の様子を収録したビデオの上映会に参加できます。願書に記入する際に参考になりますからご覧になることをおすすめします。

・面接は子どものみです。うまく伝えられなくても、考えたことを子どもなりにがんばって表現することが大切です。答えの内容は、あまり評価に関係がないと思います。

・受験対策として多くのペーパー問題に取り組んで臨みました。ふだんから常識や社会ルールについて教えていることが大切だと思いました。

・２次試験合格には、はっきりと自分の意志を伝える力と子どもらしい笑顔や活発さ、明るさが必要だと思います。ペーパーだけに頼らない、家庭での教育、生活力が観られるのではないでしょうか。

・１日目は動きやすい服装をと、キュロット・スカートにしました。２日目は面接用の普通のワンピースで行きましたが、たまたま２日目はとても寒く、靴下を普通の三つ折りのものとハイソックスを２足用意して行き、よかったと思います。当日の臨機応変な対応が大切だと思いました。

・服装は関係ないようです。面接の時にジーンズをはいてきた子どもも合格していました。

・１日目も２日目も、在校生がさまざまな場面でお世話をしてくださいます。ゲームなどで子どもたちの緊張をほぐしてくれました。また、在校生は常に本を持ち、空き時間に読書をしていて、とても感心しました。

◎学習効果を上げるため、前掲の「家庭学習ガイド」及び「合格のためのアドバイス」をお読みになり、各校が実施する入試の出題傾向を、よく把握した上で問題に取り組んでください。
※冒頭の「本書ご使用方法」「本書ご使用にあたっての注意点」も併せてご覧ください。

問題1　分野：お話の記憶

集中　聞く

〈準備〉　クーピーペン（黒）

〈問題〉　これからお話をしますからよく聞いて後の質問に答えてください。

ある日、けんたくんは、お父さんと弟のさとしくんといっしょにおでかけをしました。お母さんは家で留守番です。けんたくんたちはお父さんの車でデパートへ行きました。山の近くにあるそのデパートは、ちょっと変わっています。建物がカボチャの形をしているのです。デパートに着いたけんたくんたちは、まず、3階の靴売り場へ向かいました。けんたくんのお気に入りの靴がこわれたので、新しい靴を買ってもらうことを、お父さんと約束していたのです。売り場を見て回っていると、星のマークがついた靴が目につきました。試しに履いてみると、大きすぎてぶかぶかです。その様子を見ていたお父さんは、「もう少し大きくなってからだな」と言いました。しばらくして、「これなんかどうかな？」とお父さんがけんたくんに持ってきたのは野球のボールのマークがついている靴でした。さっそく履いてみると、けんたくんの足にぴったりだったので、この靴を買うことに決めました。ずっと待たされていてつまらなさそうにしていた弟のさとしくんが、「何か甘いものが食べたいな」と言ったので、みんなで地下の食品売場へ行くことになりました。さとしくんは、ソフトクリームを食べることに、けんたくんは「ぼくは甘いものより、おにぎりが食べたいな」と言いました。さとしくんがソフトクリームを食べ終えるのを待って、デパートの中のレストランへ向かいました。このレストランは全体がゾウの形をしていて、鼻の部分がエスカレーター式の入り口になっています。さとしくんが「吸い込まれるみたい」と言いました。席に案内されてメニューを見ると、おにぎりはありませんでした。仕方がないので、けんたくんは、スパゲッティを食べることにしました。お父さんはハンバーグ、さとしくんはラーメンを注文しました。お昼ごはんの後、このデパートの上にある映画館に行きました。木がいっぱいで、まるで森の中です。3人が観た映画は、『それゆけ！ゾウくん』という映画です。けんたくんとさとしくんは何度も大笑いしました。ゾウがリンゴを食べて、事件を解決するところがとても面白かったねとけんたくんとさとしくんは帰りの車の中で話しました。家に着くとお母さんがバナナのマークがついたティーシャツを着て「おかえり」と迎えてくれました。みんな笑顔で「ただいま」と言いました。

①デパートはどこの近くにありましたか。選んで○をつけてください。
②さとしくんはどうしてつまらなさそうにしていたのですか。「けんたくんの買い物に付き合わされて待っているから」だと思う人は「○」を、「さとしくんも靴が欲しいのに買ってくれなかったから」だと思う人は「△」を、「本当は遊園地に行きたかったから」だと思う人は「×」を書いてください。
③けんたくんたちが観た映画の主人公の動物はどれですか。選んで○をつけてください。また、その動物が映画の中で食べていたものは「バナナ」だと思う人は「○」を、「ミカン」だと思うひとは、「△」を、「リンゴ」だと思う人は「×」を右上の四角に書いてください。
④お母さんが着ていたシャツはどれですか。選んで○をつけてください。

〈時間〉　各10秒

〈解答〉　①山　②○　③○：ゾウ、くだもの：×　④バナナ

学習のポイント

お話の記憶の問題です。当校の出題はお話の長さや内容などあまり一定の傾向がないので、これという対策はありません。もっとも、お話の流れは素直なものですし、質問内容もお話に添ったものがほとんどです。そういった意味では通常の解き方、つまり「誰が」「何を」「～した」といったポイントを整理しながらお話を聞き、設問に素直に答えていくという方法で充分対応できます。また、時折出題される④のように細かな表現についての問題にも答えられるように、場面を絵のようにイメージしてください。場面ごとで構いません。登場するものの「色」「数」「状態」などが記憶できるだけなく、お話の流れも自然と頭に入ってきます。

【おすすめ問題集】

1話5分の読み聞かせお話集①②、お話の記憶 初級編・中級編・上級編、
Ｊｒ・ウォッチャー19「お話の記憶」、34「季節」

問題2　分野：図形（展開）

観察　考え

〈準 備〉　鉛筆

〈問 題〉　左の四角を見てください。この折り紙を広げた状態で正しいものを右の四角から選んで○をつけてください。同じ様に下の段も解いてください。

〈時 間〉　30秒

〈解 答〉　①左から2番目　②左から2番目　③右端　④右から2番目

学習のポイント

内容は変わりますが、図形分野の問題は毎年出題されています。いずれも考え込むようなものではありませんから、対策としては基礎学習を広く行うということでよいでしょう。ここでは、「展開」の問題が出題されています。結論から言えば、実際に折り紙を用意して問題同様に折って、穴を開け、折った紙を開く、というのがもっとも効率のよい理解の仕方です。ほかには「回転」「対称」「同図形探し」といったあたりが出題されますが、これらにも同じことが言えます。ペーパーテストの問題でつまずいたり、よくわからなくなったら実際に絵を切り抜いて回転させたり、図形を重ねてみる。この繰り返しで当校の入試問題には充分対応できるということです。

【おすすめ問題集】

Ｊｒ・ウォッチャー5「回転・展開」、8「対称」

問題3　分野：数量（１対多の対応）　観察　集中

〈準備〉　鉛筆

〈問題〉　１枚のお皿にリンゴとブドウを１つずつ載せると、１つも余らないようにくだものを用意していましたが、足りなくなってしまいました。どうやらたろうくんがいくつか食べてしまったようです。さて、たろうくんは何を、いくつ食べたのでしょうか。たろうくんが食べたくだものの四角の中にその数だけ○をつけてください。

〈時間〉　1分

〈解答〉　リンゴ：2

学習のポイント

数量の問題です。数量の問題にはさまざまなパターンがありますが、結局は２つの能力のあるなしが観点です。１つは10個以下のものなら、一目見て「～個」と判断する能力、もう１つはＡ・Ｂという２つの集合を見てどちらが多いかを判断する能力です。ここではランダムに置かれているリンゴやブドウを数えるので「同図形探し」の要素もあると言えばありますが、はっきりと区別がつくので問題にならないでしょう。数量の問題は解答時間がほとんどの場合短く、指折り数えている時間はありません。入学して、算数を学んでいくためには上のような能力が必要だということを暗に示しているのです。ただし、この能力は生まれつきのものではなく、生活の中で身に付けられるものですから慌てることはありません。テーブルの上に置かれたお菓子の数、池に浮かんでいる水鳥の数、駐車場に止まっている車の数を数えさせましょう。そのうちに感覚として身に付いてきます

【おすすめ問題集】

Ｊｒ・ウォッチャー37「選んで数える」、38「たし算・ひき算1」、
39「たし算・ひき算2」、42「一対多の対応」

問題4　分野：常識（季節）　知識

〈準備〉　鉛筆

〈問題〉　春のものを選んで○をつけてください。

〈時間〉　1分

〈解答〉　下図参照

学習のポイント

当校の常識分野の問題は、ほとんど１つのことを観点にしていると言えるでしょう。それは「生活体験から何を学んできたか」です。身近にいない動植物やあまり目にしない行事などはほとんど出題されません。この問題では季節の常識について聞いていますが、ここでもそれほど変わったものは出題されていないはずです。ただし、生活環境の違いで目にしなくなったものには注意しましょう。例えば、コタツや石油ストーブなど「環境の変化によってはあまり使用しなった道具」。こういったものは映像でよいのでそれが動いている様子を見せるようにしてください。その方が印象が強くなります。また、「いつでも目にするようになったもの」、特に花や食べものにも注意です。スーパーでほとんどの野菜は一年中目にするようになりましたし、ハウス栽培の花などは一年中売っています。

【おすすめ問題集】

Ｊｒ・ウォッチャー34「季節」

問題5　分野：常識（マナー・知識）

聞く　公衆

〈準備〉　鉛筆

〈問題〉　①左上の絵を見てください。横断歩道の前で旗を持ったおじいさんがあなたの前で旗を降ろしました。あなたならどうしますか。「旗を無視して渡る」だと思う人は「○」を、「旗の前で待つ」だと思う人は「△」を、「先生に報告する」だと思う人は「×」を、右上の四角に書いてください。
②右上の絵を見てください。外国人のお友だちが、道で困っています。あなたならどうしますか。「どうしたの？　と声をかける」だと思う人は「○」を、「放っておく」だと思う人は「△」を、「自転車を貸してあげる」だと思う人は「×」を、右上の四角に書いてください。
③左下の絵を見てください。あなたが積み木で遊んでいると、目の前で男の子が女の子の積み木を崩して泣かせています。あなたならどうしますか。「そんなことで泣かない、と女の子に言う」だと思う人は「○」を、「放っておく」だと思う人は「△」を、「泣かせてはいけないよ、と男の子に言う」だと思う人は「×」を、右上の四角に書いてください。
④右下の絵を見てください。階段で車椅子のお兄さんが困っています。あなたならどうしますか。「いきおいよく押してあげる」だと思う人は「○」を、「エレベーターを教えてあげてそこまで押してあげる」だと思う人は「△」を、「放っておく」だと思う人は「×」を、右上の四角に書いてください。

〈時間〉　各15秒

〈解答例〉　①△　②○　③×　④△

弊社の問題集は、同封の注文書の他に、
ホームページからでもお買い求めいただくことができます。
右のQRコードからご覧ください。
（東京学芸大学附属大泉小学校のおすすめ問題集のページです。）

学習のポイント

常識の問題です。特徴は、帰国子女や外国人児童の受け入れをしているので、そういった人たちのコミュニケーションの取り方も問題になることでしょう。異文化コミュニケーションと言ったりしますが、ここではそのような難しいことを考えさせるものはなく、年齢なりに正しいと思える振る舞いが答えられれば問題ありません。つまり、ほかの人に対するのと同じように対応して問題ないのです。もっとも、入試に臨む年齢のお子さまは自分で考えてコミュニケーションを取っているわけではないでしょう。ほとんどは保護者の方の真似をしているにすぎません。そう考えると、保護者の方は見本として日々の行動に気をつけなくてはならない、ということになります。できる範囲でよいのでがんばってください。

【おすすめ問題集】

Ｊｒ・ウォッチャー29「行動観察」、56「マナーとルール」

問題6　分野：数量（計数）

観察　集中

〈準 備〉　鉛筆

〈問 題〉　４枚の絵の中で、モミジの葉が１番多い絵はどれですか。その絵の右上の四角に、○を書いてください。

〈時 間〉　1分

〈解 答〉　右上

学習のポイント

お椀とお茶碗、靴などのように、「セットのものの数を数える」問題がよく出題されていますが、ここでは「いくつかの集合の中で～が多いものはどれか」ということを聞いています。ここでは２つの作業が必要になってきます。まず、それぞれの絵の中でのモミジの葉の数を数える、次にそれらを比較する、の２つです。前述したように、その四角にいくつあるかということは一目で判断できた方がよいでしょう。この問題は比較的解答時間に余裕があるので、それぞれの絵にモミジの葉の数を「✓」などでメモしても間に合うかもしれませんが、入試でこれほど時間に余裕があることはほとんどありません。なお、最後にモミジの数を比較する時には落ち着いて考えること。当たり前の話ですが、ここで間違えると意味がありません。

【おすすめ問題集】

Ｊｒ・ウォッチャー37「選んで数える」

問題7　分野：お話の記憶

聞く　集中

〈準　備〉　鉛筆

〈問　題〉　これからするお話をよく聞いて、後の質問に答えてください。
（問題の絵はお話が終わってから渡してください）
明日は、リスさんの誕生日です。仲良しのゾウさん、サルさん、ライオンさん、クマさんは、リスさんに内緒で、お誕生日会をしようと計画しています。明日、急にリスさんの家に行って驚かせようとしているのです。「プレゼントは何がいいかな」とゾウさんが言うと、「やっぱり木の実がいいんじゃない」とライオンさんが答えました。サルさんも「それがいいね」と言っています。クマさんは「じゃあ、僕が木の実を集めてくるね」と言って、リスさんのお家に集合する時間を決めてお別れしました。
約束の時間にリスさんの家の前に集合したのは、ゾウさんとライオンさんだけです。サルさんは、お腹が痛くなり、来られなくなってしまったのでした。クマさんが来ないので心配していると、クマさんが悲しそうな顔をしてやって来ました。「どうしたのクマさん」とライオンさんが声をかけると、クマさんは泣き出してしまいました。昨日拾ったプレゼントの木の実を、来る時に落としてしまったのだそうです。クマさんが大きな声で泣いたので、家にいたリスさんが出てきてしまいました。「せっかくリスさんを驚かせようと思ったのに」と、クマさんはもっと大きな声で泣き出しました。
リスさんは、みんなからお誕生日会の計画の話を聞くと「せっかく集まっているんだから、僕の誕生日をお祝いしてよ」とニコニコしながら言いました。「でもプレゼントをなくしちゃったんだ」とクマさんが言うと、「気にしないでよ。僕がとってきたリンゴがあるからみんなで食べようよ」と言うと、リスさんはみんなを家に入れてくれました。
ライオンさん、クマさん、リスさんはリンゴを１つずつ食べましたが、ゾウさんは「おいしいおいしい」と言って、３つも食べてしまいました。クマさんもようやく泣きやみました。「今度は木の実を持って遊びに来るね」とクマさんは、リスさんに約束をしました。プレゼントはありませんでしたが、リスさんにとっても、楽しいお誕生日会になりました。

①木の実をプレゼントしようと言ったのは誰でしょうか。選んで○をつけてください。
②お誕生日会に来られなかったのは誰でしょうか。選んで○をつけてください。
③なぜ、クマさんは泣いてしまったのでしょうか。「お腹が痛かったから」だと思う人は「○」、「プレゼントを落としてしまったから」だと思う人は「△」、「お誕生日会に呼ばれなかったから」だと思う人は「×」を書いてください。
④リンゴを１番たくさん食べたのは誰でしょうか。選んで○をつけてください。

〈時　間〉　各20秒

〈解　答〉　①ライオン（右から２番目）　②右端（サル）　③△　④真ん中（ゾウ）

家庭学習のコツ①　「先輩ママのアドバイス」を読みましょう！

本書冒頭の「先輩ママのアドバイス」には、実際に試験を経験された方の貴重なお話が掲載されています。対策学習への取り組み方だけでなく、試験場の雰囲気や会場での過ごし方、お子さまの健康管理、家庭学習の方法など、さまざまなことがらについてのアドバイスもあります。先輩ママの体験談、アドバイスに学び、ステップアップを図りましょう！

学習のポイント

小学校入試ではおなじみの「動物が〇〇をした」というお話が、当校ではよく出題されます。登場人物が動物の場合、お子さまにもイメージしやすいので、比較的やさしい問題と言えるでしょう。当校での出題は、「お話に出てきた人やもの」と「登場人物の気持ち」を答える形が基本となっています。「登場人物の気持ち」では、「泣いていたのは誰」ではなく、「なぜ泣いていたのでしょう」というように、泣いていた理由（根拠）が問われます。お話を記憶するだけでなく、もう一歩お話の内容に踏み込んだ理解が求められるという点では、ある意味、口頭試問に近いと言えるかもしれません。お話の記憶の問題を解く際には、答え合わせだけでなく、お話の内容をきちんと理解できているかを、確認するようにしていきましょう。読み聞かせをした後で、「どんなお話だった？」と聞いて、お子さまがあらすじを言えるようであれば、お話が理解できていると言ってよいでしょう。

【おすすめ問題集】
　１話５分の読み聞かせお話集①②、お話の記憶 初級編・中級編・上級編、
　Ｊｒ・ウォッチャー19「お話の記憶」

問題８　分野：図形（鏡図形）

観察　考え

〈準備〉　鉛筆

〈問題〉　左の絵を鏡に映した時、どのように見えるでしょうか。右の四角の中から選んで〇をつけてください。

〈時間〉　１分

〈解答〉　①左から２番目　②右から２番目　③右端

学習のポイント

当校の図形問題は、「図形の構成」がほとんどですが、「鏡図形」が出題されることもあります。国立小学校入試では、基本的に大きく傾向が変わることはないと言われていますが、こうした小さな変化はあるので、過去に出題されていないからと言って、ほかの分野の学習もおろそかにしないようにしましょう。鏡図形と一口に言ってもさまざまな形があります。当校で出題されたのは、絵の鏡図形でした。本問でも出題したように、「絵」「図形」「記号」など、出題の形によって戸惑ってしまうこともありえます。そうした迷いをなくすためにも、鏡図形は、左右が反転して見えるということを、まず徹底して理解してください。それは鏡に映るものが何であっても変わることはありません。その部分がしっかりと理解できていることが、鏡図形のすべてと言ってもよいでしょう。もし、鏡図形を苦手にしているようでしたら、鏡を使って実際に映して見せてあげましょう。「そんなところから始めるの？」と思われるかもしれませんが、基本的な考えが身に付いていなければ、いくらペーパーの学習をしても効果は上がりません。遠回りに思うかもしれませんが、基本を大事にしてください。

【おすすめ問題集】
　Ｊｒ・ウォッチャー８「対称」、48「鏡図形」

問題9　分野：図形（図形の構成）

観察　考え

〈準　備〉　鉛筆

〈問　題〉　右の四角の中の形を使って左の形を作ります。その時、使わない形に○をつけてください。

〈時　間〉　各20秒

〈解　答〉　①右端　②左端　③左から２番目　④左から２番目

学習のポイント

図形分野の出題内容は、積み木やパズルなど、その内容に関してはさまざまなので、多くの問題に触れておくことが望まれます。形に触れておくと書きましたが、本当の意味で触れておくことが図形問題にとって大切なポイントになります。「図形感覚」という言葉を耳にしたことがあるかもしれませんが、これは直感的に形を把握したり、２つの形を組み合わせた時の形がわかったりする力です。こうした感覚は、「持っている」ものではなく、「つかむ」ものなのです。積み木などに触れ、思い通りに形を作れたときや、違う方向から見た時に思ってもいなかった形が見えた時などに感じる「！（ひらめき・驚き）」の積み重ねが図形感覚につながっていきます。もし、ペーパーの学習で、図形につまずいているようでしたら、目や手で図形に触れてください。ちょっとしたきっかけで、図形に対しての苦手意識が消えていくかもしれません。

【おすすめ問題集】

Ｊｒ・ウォッチャー９「合成」、45「図形分割」、54「図形の構成」

問題10　分野：数量（選んで数える）

観察　集中

〈準　備〉　鉛筆

〈問　題〉　①リンゴの数が１番多い四角の下に○を書いてください。
②セミの数が１番多い四角の下に○を書いてください。

〈時　間〉　各１分

〈解　答〉　①左から２番目　②右端

家庭学習のコツ②　「家庭学習ガイド」はママの味方！

問題演習を始める前に、試験の概要をまとめた「家庭学習ガイド（本書カラーページに掲載）」を読みましょう。「家庭学習ガイド」には、応募者数や試験課目の詳細のほか、学習を進める上で重要な情報が掲載されています。それらの情報で入試の傾向をつかみ、学習の方針を立ててから、対策学習を始めてください。

学習のポイント

身も蓋もない言い方をすれば、「数え間違いをしないようにしましょう」ということだけです。最終的にはそこに行き着くのですが、数え間違いの中には、「数え忘れてしまう」「重複して数えてしまう」「ほかのものを間違えて数えてしまう」といったことがあります。数え方としては、常に一定の位置から一定の方向に数えるということが基本になります。①の左端の四角を例にすると、１番上にある小さなリンゴから数え始めるのが基本ですが、お子さまはパッと目についた大きなリンゴから数えてしまいがちです。本問のようにランダムに並んでいると数えにくいですが、数えにくいからこそ、自分のリズムやパターンで数えることが大切になってきます。まずは、保護者の方が数え始める位置や数える方向を決めてしまってもよいでしょう。それで、やりにくそうにしていたら、「違う方法で数えてもいいよ」と言ってあげてください。もし、それでお子さまが数えやすい方法を見つけることができたら、自分でやり方を見つけられたという自信にもつながっていきます。

【おすすめ問題集】

Ｊｒ・ウォッチャー14「数える」、37「選んで数える」

問題11　分野：数量（一対多の対応）　観察　集中

〈準備〉　鉛筆

〈問題〉　①子どもが４人います。全員が履いている靴を合わせると、靴はいくつあるでしょうか。その数だけ右の四角に○を書いてください。
②車が３台あります。この３台の車にタイヤは何本ついているでしょうか。その数だけ右の四角に○を書いてください。

〈時間〉　各30秒

〈解答〉　①○：８　②○：12

学習のポイント

例年出題されていた、一対多の対応が2019年度入試では出題されませんでした。こうした小さな傾向の変化は2020年度以降の入試でも充分に考えられるので、すべての分野で基礎的な力を蓄えておくようにしましょう。一対多の対応は、大人の頭で考えると単純な掛け算ということになりますが、小学校入試では、１セット○個のものが、×人分という考え方をします。本問で言えば、靴は２つ（そもそも靴を片一方ずつ数えることはないと思いますが）で１足、車のタイヤは４本で１台ということが前提になって、それが何人（台）分あるので、全部で靴（タイヤ）はいくつあるかという答えにたどり着く力が求められます。また、年齢相応の知識を持っていれば問題ないとは思いますが、車にタイヤが何本ついているかを知らなければ、正解することはできません。その点から言えば、数量の問題ではありますが、多少の常識的な知識も必要になります。

【おすすめ問題集】

Ｊｒ・ウォッチャー14「数える」、42「一対多の対応」

問題12　分野：常識（理科）

知識

〈準備〉　鉛筆

〈問題〉　①水の中に棲んでいる生きものはどれでしょうか。選んで○をつけてください。
②卵を産む生きものはどれでしょうか。選んで○をつけてください。
③土の中にできる野菜はどれでしょうか。選んで○をつけてください。
④色が赤いものはどれでしょうか。選んで○をつけてください。

〈時間〉　各20秒

〈解答〉　①左端、右から２番目　②左端、真ん中、右から２番目
③左端、右から２番目　④左端、真ん中

学習のポイント

当校の理科常識では、生きものや野菜の名前を知っているだけでなく、プラスアルファの知識が求められます。とは言っても、一部の私立小学校で見られるような、小学校入試レベルを超えたような問題ではないので、生活の中で身に付けることが理想ではありますが、生きものの生態などは積極的に身に付けようとしなければ、知識を得ることはできないのが現実です。インターネットなどのメディアも活用しながら知識の幅を広げていくようにしてください。また、ちょっとした引っかけもあるので注意しましょう。2019年度入試では、空を飛ぶ生きものを選ぶ問題で、選択肢に飛行機が入っていました。「空を飛ぶ」だけを聞いて、慌てて答えてしまうと間違えてしまいます。このように、最後まで話（問題）を聞いているかどうかを、こうしたところで試すこともあるのです。当校では、例年複数問出題されていることからも、常識分野を重視していることがわかります。理科、生活、マナーなど出題範囲も幅広いので、しっかりと対策を立てておく必要があるでしょう。

【おすすめ問題集】
Ｊｒ・ウォッチャー27「理科」、55「理科②」

問題13　分野：常識（生活）

公衆　知識

〈準備〉　鉛筆

〈問題〉　①左の絵と同じ季節の絵を、右の四角の中から選んで○をつけてください。②も同じように答えてください。
③雨の日に使うものはどれでしょうか。選んで○をつけてください。
④ごはんを食べる時に使うものはどれでしょうか。選んで○をつけてください。

〈時間〉　各30秒

〈解答〉　①左から２番目　②右から２番目　③左端、真ん中　④真ん中、右端

学習のポイント

生活常識の問題は日常に密着したものなので、名前の通り、生活の中で身に付けるようにしてください。①②の行事に関しては、実際に目にしたり、経験したりしたことがないというお子さまもいるかもしれません。実際に経験することが最高の学習ではあるのですが、凧をあげられる場所も少ないでしょうし、女の子しかいないご家庭では兜を飾ることはないでしょう。小学校入試で出題される行事は、それほど多くないので、自分のご家庭に足りない体験を知識として補うことが、効率的な方法と言えるでしょう。③④に関しては、より生活に近いものなので、これらのものを並べて、実際に「雨の日に使うものを持ってきて」というような形で学習するのもよいでしょう。その際、「なぜそれを持ってきたのか」「それはどう使うのか」という質問をすれば、口頭試問の対策にもなります。このように、学習の方法は、工夫次第でさまざまなバリエーションをつけることができます。机上の学習だけでなく、楽しみながら学習していけるよう考えていきましょう。

【おすすめ問題集】
Ｊｒ・ウォッチャー12「日常生活」

問題14　分野：常識（マナー）

公衆　知識

〈準備〉　鉛筆

〈問題〉　①左上の絵を見てください。あなたは公園で大なわとびをしています。１人で砂遊びをしている男の子もいます。あなたならどうしますか。「大なわとびを続ける」の場合は「○」、「大なわとびに誘う」の場合は「△」、「大なわとびに飽きたのですべり台で遊ぶ」の場合は「×」を右上の四角に書いてください。
②右上の絵を見てください。目の前でペットボトルを捨てている男の子がいます。あなたならどうしますか。「拾ってゴミ箱に捨てる」の場合は「○」、「ゴミを捨ててはいけないと注意する」の場合は「△」、「何もしない」の場合は「×」を右上の四角に書いてください。
③左下の絵を見てください。電車の中で荷物を座席に置いている男の子がいます。あなたならどうしますか。「荷物が多くて大変だと思う」の場合は「○」、「何もしない」の場合は「△」、「みんなが座れるように荷物をどかしてもらう」の場合は「×」を右上の四角に書いてください。
④右下の絵を見てください。外国人の女の子があなたに話しかけてきましたが、言葉がわかりません。あなたならどうしますか。「聞こえないふりをする」の場合は「○」、「日本語で話しかけてみる」の場合は「△」、「身振り手振りでコミュニケーションをとろうとする」の場合は「×」を右上の四角の中に書いてください。

〈時間〉　各20秒

〈解答例〉　①△　②△（○）　③×　④×（△）

学習のポイント

ペーパーテストではありますが、行動観察や口頭試問に近い出題と言えるでしょう。そのため、絶対的な正解があるわけではなく、解答はあくまでも１つの例でしかありません。明らかに不正解の選択肢もあるので、それを選んでしまったときには正しい方向に修正してあげる必要がありますが、どちらともとれる選択肢の場合は、なぜその答えを選んだのかを聞いてみてください。もしかしたら、選択肢以外の考えを持っているかもしれません。本問では、ほかの人との関わり方、いわゆるコミュニケーションに関しての考え方が観られています。あくまでも推測ですが、試験本番でのマナー常識の答えと、行動観察や口頭試問での振る舞いが明らかに違っている場合には、ペーパーテストの答えは「受験知識」としてのものだと判断されかねません。知識だけではなく、行動をともなってこその常識（マナー）ということをしっかりと理解しておきましょう。

【おすすめ問題集】
Ｊｒ・ウォッチャー29「行動観察」、56「マナーとルール」

家庭学習のコツ③　効果的な学習方法～問題集を通読する

過去問題集を始めるにあたり、いきなり問題に取り組んではいませんか？　それでは本書を有効活用しているとは言えません。まず、保護者の方が、すべてを一通り読み、当校の傾向、ポイント、問題のアドバイスを頭に入れてください。そうすることにより、保護者の方の指導力がアップします。また、日常生活のさまざまなことから、保護者の方自身が「作問」することができるようになっていきます。

問題15　分野：お話の記憶

聞く　集中

〈準備〉　鉛筆

〈問題〉　これからするお話をよく聞いて、後の質問に答えてください。
（問題の絵はお話が終わってから渡してください）
今日は、ウサギさん、リスさん、クマくん、タヌキくん、キツネくんでトントコ山へ遠足に行きます。みんなはこの遠足をとても楽しみにしていました。
山に入って最初の分かれ道で右に曲がりました。少し行くと、クリの木がありました。木の下にはたくさんのクリが落ちています。みんなは「ワーイ」と大よろこびでクリを拾いました。みんなでクリを拾っていると、タヌキくんが「痛い」と大声で言いました。見ると、足にイガグリのトゲが刺さっています。タヌキくんが痛がっていると、クマくんがどこからか黄色の草を４本採ってきました。タヌキくんの足の傷に、クマくんがその草の汁を塗ると、なんと、タヌキくんの足が治りました。
また,みんなで仲良く歩き始めました。次の分かれ道を右に、その次の分かれ道をまた右に、次の分かれ道で左にと、どんどんみんなは歩いていきました。すると、岩がたくさんある場所に着きました。とても歩きにくい道でしたが、みんな、おしゃべりをしながら楽しく歩き続けました。「ほら、キノコが生えてるよ」とリスさんが、岩の間に生えているキノコをさして言います。キツネくんはクモを見つけて「足がとても長いクモがいるよ」と言いました。しばらくすると、「うわあ」と大きな声が聞こえました。キツネくんがクモを捕ろうとして、足を滑らせてまったのです。どうやら、捻挫をしてしまって、歩けなくなってしまったようです。困っているキツネくんを、どうやって頂上まで連れて行こうかとみんなで相談していると、「僕がキツネくんをおんぶするよ」とクマくんが言って、キツネくんをおんぶして山を登り始めました。ほかのみんなも後ろから支えたりクマくんとキツネくんを励ましたりしながら、頂上まで歩き続けました。頂上は、一面が黄色いお花畑です。みんなはそこでお弁当を食べることにしました。クマくんががんばってくれたので、ウサギさんはリンゴを、リスさんはサクランボを、キツネくんはブドウを、タヌキくんはカキをクマくんにあげました。

①１番上の段を見てください。お話に出てこなかった動物はどれですか。選んで○をつけてください。
②クマくんがとってきた黄色の草は何本ありましたか。その数だけ、上から２番目の段に○を書いてください。
③みんなが左に行った分かれ道は、何番目にでてきた分かれ道でしたか。その数だけ、上から三番目の段に○を書いてください。
④１番下の段を見てください。ウサギさんがクマくんにあげたものは何でしたか。選んで○をつけてください。

〈時間〉　各30秒

〈解答〉　①真ん中（サル）　②○：４　③○：４　④左端（リンゴ）

家庭学習のコツ④　効果的な学習方法～お子さまの今の実力を知る

１年分の問題を解き終えた後、「家庭学習ガイド」に掲載されているレーダーチャートを参考に、目標への到達度をはかってみましょう。また、あわせてお子さまの得意・不得意の見きわめも行ってください。苦手な分野の対策にあたっては、お子さまに無理をさせず、理解度に合わせて学習するとよいでしょう。

学習のポイント

当校のお話の記憶は、小学校入試としては標準的な長さのお話を使って出題されています。登場人物が動物の場合もありますが、起こる出来事は日常的なものが多く、場面をイメージしやすいお話になっています。こうしたお話を聞く時には、「誰が、何を、どうした」という点に注意することで、お話の大まかな流れを把握することができます。その上で、情景を絵のように思い浮かべながら、主人公になったつもりでお話をイメージすることができれば、登場人物の細かな描写やその心情なども理解できるようになるでしょう。そうすれば、「黄色の草は何本ありましたか」や「何番目にでてきた分かれ道でしたか」といったような、お話の流れに直接影響しない細かな部分の出題にも対応できるようになります。ところで、お話の記憶の問題の対策としては、日々の読み聞かせが効果的であることは言うまでもありません。入試においてすべての問題で必要となる「指示を最後まで聞き、理解する」という部分を鍛えることができ、同時に知識、語彙、情緒の安定、思考力、記憶力、集中力、理解力など多くの力を向上させるのにも役立ちます。

【おすすめ問題集】

1話5分の読み聞かせお話集①②、お話の記憶 初級編・中級編・上級編、
Ｊｒ・ウォッチャー19「お話の記憶」

問題16　分野：図形（パズル）

観察　集中

〈準備〉　鉛筆

〈問題〉　左の見本のように、パズルで電車とヨットを作ります。どのパズルを使えばよいですか。正しいものに○をつけてください。

〈時間〉　1分

〈解答〉　左下

学習のポイント

見本の絵にある図形の特徴と数を把握して、選択肢から正しい（同図形・同数）ものを選ぶ問題です。見本の絵自体は、複雑な図形ではないので、難易度はそれほど高くありません。スムーズに解答するポイントは、①見本の絵にある図形を、選択肢の中から正確に選ぶ（同図形探し）、②見本の絵の図形の数と、選択肢の図形の数を比較する（同数探し）という2段階に分けて考えることでしょう。「同図形探し」は、ほかの図形にない特徴があるものの方が見つけやすくなります。この問題で言えば、絵の1番上にある、電車のパンタグラフを表している白い四角形に注目します。次に、数に注目して、同じ白い四角形が2つあるものを、選択肢の中から探します。これを順に繰り返していけば、正解にたどり着くということになります。なお、こうして解答を考えている途中で正解がわかってしまうことが多いのですが、念のため、最後まで図形の比較やその数の確認をするようにしてください。

【おすすめ問題集】

Ｊｒ・ウォッチャー9「合成」、45「図形分割」、54「図形の構成」

問題17　分野：数量（一対多の対応）

考え　集中

〈準　備〉　鉛筆

〈問　題〉　①おはじき１つで鉛筆を２本もらえます。ここにあるおはじきで鉛筆はいくつもらえますか。その数だけ鉛筆の絵が描いてある四角に○を書いてください。
②おはじき２つでセロハンテープを１つもらえます。ここにあるおはじきでセロハンテープはいくつもらえますか。その数だけセロハンテープの絵が描いてある四角に○を書いてください。
③おはじき３つで消しゴムを２つもらえます。ここにあるおはじきで消しゴムをいくつもらえますか。その数だけ消しゴムの絵が描いてある四角に○を書いてください。

〈時　間〉　各30秒

〈解　答〉　①○：12　②○：５　③○：10

学習のポイント

当校で例年出題されている数量分野では、置き換えの問題もよく出題されています。置き換えのような複雑な操作ができるくらいに、数について理解できているかどうかが観られています。置き換えの考え方は、お子さまにとって難しいものかもしれません。例えば本問の①では、おはじき１つと鉛筆２本が同じということになるので、おはじき６つはエンピツ12本と同じになります。このような考え方は買いものをする際などに必要となりますし、また掛け算や割り算の考え方の基本となるものですから、身に付けておけば、入学後の学力向上にもつながります。なお、ハウツーとしては、①の場合はそれぞれのおはじきの下に○を２つ書き、その数を数える。②であればおはじき２つを大きな○で囲み、その○を数える。③は、①と②の方法を組み合わせ、おはじき３つを１つの大きな○で囲み、その大きな○の下に小さな印を２つ書いて数えるということになります。このテクニックは、あくまでハウツーですから、解き方だけを覚えてもあまり意味はありません。解答した後にあらためて復習し、問題の考え方についての理解を深めていきましょう。

【おすすめ問題集】

Ｊｒ・ウォッチャー14「数える」、42「一対多の対応」

問題18　分野：常識（交通ルール）

公衆　話す

〈準備〉　なし

〈問題〉　①車が通る道で、お友だちがボールで遊んでいます。どう思いますか。あなたならどうしますか。話してください。
②青色の信号がピカピカ光っている時に、横断歩道を走って渡っているお友だちがいます。あなたならどうしますか。話してください。
③車が通る道で、横断歩道ではないところをお友だち渡っています。どう思いますか。話してください。
④お友だちが歩道いっぱいに並んで歩いています。あなたならどうしますか。話してください。
⑤お友だちがボール遊びをしながら歩道を歩いています。あなたならどうしますか。話してください。
⑥お友だちがほかの人もいる歩道でローラースケートをしています。あなたならどうしますか。話してください。

〈時間〉　各30秒

〈解答〉　省略

学習のポイント

年齢相応の常識として、交通ルールについての知識が備わっているかを観る問題です。交通ルールについての問題は、当校の入試で頻出しています。それは、通学可能区域が広く、通学時や帰宅時に長い距離を移動する当校の志願者にとって、必須の知識だからでしょう。試験問題の対策としてだけではなく、自身の安全を守るためにも、確実に身に付けておきたいものです。常識分野の問題では、ほかにも食事の際のマナーや、外国人のお友だちに対してどのように接するのがよいか、などといったユニークな問題も出題されていますが、これは、国際中等教育学校を併設している当校ならではの問題です。当校の入試で、このような問題が出題されるのは、公共の場での正しいマナーや知識を重要視しているからでしょう。そして、このような問題を通して、ご家庭での躾についても観られていると考えてください。なお、お子さまにこうした知識、マナーを教える際には、「～してはいけない」というだけではなく、「～で危ないから」「～でほかの人に迷惑をかけてしまうから」などのように、その理由も説明してください。そうすることで、マナーやルールの意味をはじめて理解でき、実際の場でも役に立つ知識になります。

【おすすめ問題集】
新口頭試問・個別テスト問題集、Ｊｒ・ウォッチャー12「日常生活」、56「マナーとルール」

問題19　分野：常識（理科）

知識

〈準備〉　鉛筆

〈問題〉　絵を見てください。さまざまな生きものがいます。卵から生まれてくるのはどれですか。選んで○をつけてください。

〈時間〉　1分

〈解答〉　メダカ、ペンギン、カエル、カメ、チョウ、ニワトリ、カマキリ

学習のポイント

さまざまな生きものが、どのように生まれるかを聞く理科的知識の問題です。小学校入試で扱われる生きものの中で、卵で生まれてこないのはゾウ、カバなどほ乳類だけです。ほ乳類については、クジラ・イルカ・コウモリなど、外見ではそうとは思えない生きものとあわせて、「卵から生まれない生きもの」としてまとめて覚えてしまえば、わかりやすいかもしれません。理科分野の知識は、産卵や出産のシーンを実際に見る、というのがもっとも印象深く記憶に残す方法ですが、すべてのお子さまが、そのような経験を数多くできるわけではありませんので、図鑑やインターネットなどさまざまなメディアを使って知識を補うとよいでしょう。またその際に、棲んでいる場所や好物（肉食か草食かなど）などもあわせて覚えるようにしてください。

【おすすめ問題集】
Ｊｒ・ウォッチャー27「理科」、55「理科②」

問題20　分野：数量（積み木）

考え　観察

〈準備〉　鉛筆

〈問題〉　積み木が並んでいます。同じ数でできている積み木はどれとどれですか。それぞれ○をつけてください。

〈時間〉　各20秒

〈解答〉　①左端、右から２番目　②左端、右端
③左端、右から２番目　④左端、右端

学習のポイント

同じ数の積み木で作られた形を選ぶ問題です。積み木が、実際にはどのように積まれているかを、絵から想像できるかどうかがポイントとなります。積み木の問題では、積み上がった時に、１番下にあるものや、ほかの積み木の陰にあるものなど、絵では見えていない積み木があることに注意して、類題に取り組んでください。お子さまが、積み木の重なりを立体的に想像するのが苦手な場合には、２～４個の積み木を重ねた、イメージのしやすい絵を数種類用意し、数える練習を重ねてください。それでも理解できないようであれば、実際に積み木を積んで見せてあげるのもよいでしょう。さまざまな角度から見ることで、１方向からでは見えていない積み木も数えられるようになります。

【おすすめ問題集】
Ｊｒ・ウォッチャー16「積み木」、36「同数発見」

問題21　分野：ブラックボックス

考え　観察

〈準 備〉　鉛筆

〈問 題〉　１番上の段を見てください。リンゴが、木を通ると１つ増えます。ゾウを通ると１つ減ります。カバを通ると２つ減ります。このお約束で進むと、持っていたリンゴは最後にいくつになりますか。その数だけ１番右の四角に○を書いてください。

〈時 間〉　各30秒

〈解 答〉　①○：４　②○：３

学習のポイント

いわゆるブラックボックスの問題では、お約束を理解し、その通りに数を操作することができるかがポイントです。本問では、お約束を見ながら、１つずつリンゴの個数を確認していくことができます。それぞれの絵で示されているお約束を、「リンゴが１つ増える」「リンゴが２つ減る」というように言葉で確認して、勘違いによるミスをしないようにしてください。解き方のハウツーとしては、それぞれの木やゾウ、カバの絵の下に「今いくつになっているか」を、○印で書きこみながら進めたり、指で個数を数えながら進めてもよいでしょう。ていねいに取り組めば確実に正解できる問題なので、取りこぼしのないように気を付けましょう。また、このような問題が苦手な場合は、まずは制限時間を考えずに取り組み、「慣れる」ことから始めてください。

【おすすめ問題集】
Ｊｒ・ウォッチャー14「数える」、32「ブラックボックス」

問題22　分野：言語　語彙

〈準備〉　鉛筆

〈問題〉　①上の段の絵を見てください。この絵の中で「うつ」という動作ではない絵を見つけて○をつけてください。
②下の段の絵を見てください。この絵の中で「はく」という動作ではない絵を見つけて○をつけてください。

〈時間〉　各30秒

〈解答〉　①左端（飲む）、右端（振る）　②左から２番目（着る）、右端（むく）

学習のポイント

「～している絵を選ぶ」という動詞について問う課題は、言語分野で近年よく出題される形の１つです。①の絵では、カナヅチで「叩く」、釘を「打つ」のように、同じ動作を２通り以上の言葉で表すことができます。描かれている動作を、ほかの言葉で表すことができないか、確認しながら解答するようにしましょう。当たり前のことですが、動作を表す言葉のほとんどは日常生活で使うもので、その場で覚えるものです。日頃の１つひとつの動作について、その都度教えていきましょう。その一方で、過去問題や類題に数多く取り組み、まだ覚えていない言葉を補うとともに、同じ音で違う意味を表す言葉（同音異義語）などの知識も整理しておきましょう。

【おすすめ問題集】
Ｊｒ・ウォッチャー17「言葉の音遊び」、18「いろいろな言葉」、
60「言葉の音（おん）」

問題23　分野：お話の記憶

聞く　集中

〈準備〉　鉛筆

〈問題〉　お話を聞いて後の質問に答えてください。
イヌくんは、ネコさんとウサギさんとリスくんをさそって、公園に遊びにいくことにしました。イヌくんは、公園に着いたら、ジャングルジムで遊びたいと思っていました。みんなが公園に着くと、ネコさんが「みんなでブランコに乗ろうよ」と言いました。ウサギさんは「私はシーソーで遊びたいな」と言いました。リスくんは「ぼくはすべり台がいいな」と言いました。３人は何で遊ぶのかを言い争っていましたが、しばらくして、イヌくんは思い切って「僕はジャングルジムで遊びたいよ」と言いました。それを聞いてウサギさんが「じゃあ、私もイヌくんの意見に賛成」と言いました。ネコさんは「そうね、ジャングルジムで遊び終わったら、ウサギさんの好きなもので遊ぼうね」と言いました。リスくんも「僕のは最後でいいよ」と言ってくれました。遊ぶ順番が決まったので、みんなで仲良く公園で遊びました。

①４人が公園で遊んだものを順番に並べます。正しいものを上の段から選んで、○を書いてください。
②イヌくんは公園で遊んだ後、どんな気持ちになったと思いますか。下の段の四角に「みんな仲良く遊べてよかった」だったと思う人は「○」を、「みんなが自分の言うこと聞いてくれてうれしい」だったと思う人は「△」を、「次は１人で遊びに行こう」だったと思う人は「×」を書いてください。

〈時間〉　各20秒

〈解答〉　①上から２番目　②省略

学習のポイント

動物たちが遊ぶ順番を決めるために、お互いに意見を出し合うお話です。ふだんのお友だちとのやり取りに似ているかもしれません。それぞれの登場人物の意見を把握し、区別しながら聞き取る力が問われています。ふだんから登場人物と出来事を関連付けてとらえられるように、「誰が、何を、どうした」とひとまとめにして質問するようにするとよいでしょう。②ではイヌくんの気持ちが聞かれています。どの選択肢を選んでも間違いではありませんが、お友だちと仲良く遊んだ時の気持ちを表している選択肢を選ぶことが望ましいです。口頭試問やマナーの問題にも通じるので、相手や周囲の人への気配り、周りのお友だちとの協力などが大切だということを、お子さまに理解させるとよいでしょう。

【おすすめ問題集】
1話5分の読み聞かせお話集①・②、お話の記憶 初級編・中級編・上級編、
Ｊｒ・ウォッチャー19「お話の記憶」

問題24　分野：常識（マナー）

観察　公衆

〈準備〉　鉛筆

〈問題〉　①外国人のお友だちといっしょに「すもう」をすることにしました。外国人のお友だちはルールがよくわからなくて困っています。外国人のお友だちに何と言うとよいと思いますか。「ルールを教えてあげる」と言えばよいと思う人は「○」を、「テレビを見てルールを覚えてね」と言えばよいと思う人は「△」を、「ほかの遊びをしようよ」と言えばよいと思う人は「×」を書いてください。
②電車に乗って座っていたら、おばあさんが乗ってきました。あなたならどうしますか。「寝たふりをする」だと思う人は「○」を、「自分の席をゆずる」だと思う人は「△」を、「隣の人に席を空けてもらう」だと思う人は「×」を書いてください。

〈時間〉　各20秒

〈解答〉　①○　②△

学習のポイント

外国人のお友だちとのコミュニケーションの形で出題されていますが、当校のマナーの問題では、外国人だけでなく、困っている相手への対応が度々問われています。公共の場でのマナーを身に付けるには、日々の経験の積み重ねが大切です。ふだんから正しいと思われる振る舞いを知識として学び、公共の場で実際にやっている人をお手本とし、機会があれば保護者の方が実際にやってみせるのがよいでしょう。また、本問は選択肢を口頭で伝える形式で出題されています。それぞれの選択肢を聞き逃したり、聞き違えたりしないように、落ち着いて聞き取る練習をしておいてください。

【おすすめ問題集】

Ｊｒ・ウォッチャー30「生活習慣」、56「マナーとルール」

問題25　分野：常識（理科）　観察　知識

〈準備〉　鉛筆

〈問題〉　①鳴く虫はどれですか。選んで○をつけてください。
②実が木になるものはどれですか。選んで○をつけてください。
③卵を産まない生きものはどれですか。選んで○をつけてください。

〈時間〉　各20秒

〈解答〉　下図参照

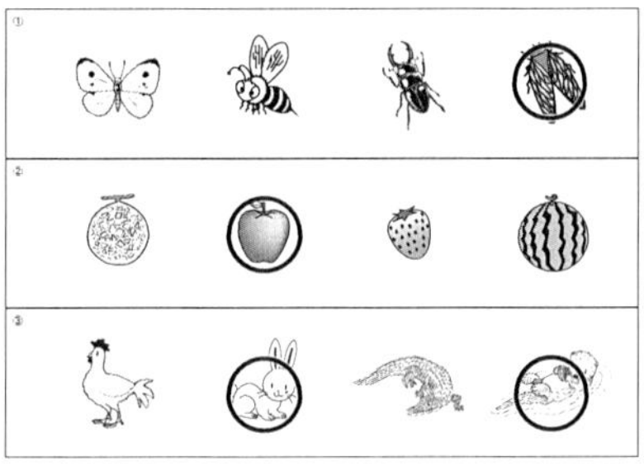

学習のポイント

それぞれの絵のものを、特徴から区別する問題です。さまざまな動物や植物の特徴を理解しているかどうかが観られています。常識分野、中でも理科の問題では、さまざまなものの姿や名前に、はたらきや特徴を組み合わせて問われることがほとんどですので、新しくものの名前を覚える時には、それらの知識もいっしょに覚えるようにしてください。その上で、ふだんの学習や問題を通して学んだことを加えていくとよいでしょう。当校の入試では、植物の場合は、食べられる部分がどこになるのか（木・地面・土の中）、動物ならば生まれ方と棲んでいる場所などがよく出題されます。たくさんの問題に触れながら、少しずつ知識を広げてください。

【おすすめ問題集】

Ｊｒ・ウォッチャー27「理科」、55「理科②」

問題26　分野：図形（構成）

観察　考え

〈準 備〉　鉛筆

〈問 題〉　左の見本の形を作るのに、右の５つの形の中から４つを選んで組み合わせます。使わないものに○をつけてください。

〈時 間〉　２分

〈解 答〉　下図参照

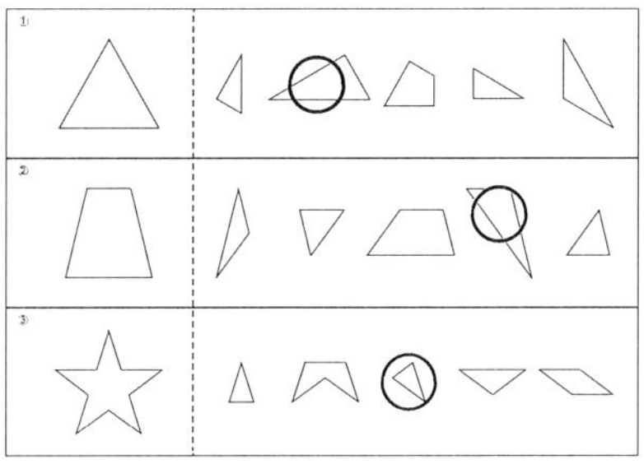

学習のポイント

当校で例年出題されている図形の構成の問題です。問題はそれほど難しくありませんので、指示をしっかり聞いて答え方を間違えないようにしてください。図形の構成の問題では、大きなパーツから探していくことがポイントです。大きいパーツは位置が決めやすく、それが決まるとほかのパーツの位置も考えやすくなるからです。ほかにも考えやすくなる方法はありますので、お子さまにあった方法を探してみるとよいでしょう。ご家庭では、お子さまが正解できた問題に対して、どのように考えて正解したのかを説明させてください。お子さまの考え方を知ることができ、お子さまの自信獲得にもつながります。

【おすすめ問題集】

Ｊｒ・ウォッチャー45「図形分割」、54「図形の構成」

問題27　分野：常識（生活習慣）

知識

〈準備〉　鉛筆

〈問題〉　①上の段の中から、電気を使う道具に○をつけてください。
②真ん中の段の中から、料理に使うものに○を、使わないものに×をつけてください。
③下の段の中から、命を守る仕事をしている乗りものに○、そうでない乗りものに×をつけてください。

〈時間〉　各20秒

〈解答〉　下図参照

学習のポイント

日常生活で目にするものの特徴についての問題です。それぞれのものについて、名前だけでなく、使い方や特徴などを幅広く知っているかどうかが問われています。問題を解き終わったら、それぞれの一般的な名称を確認するとともに、付随する知識を補っておきましょう。①②では熱や光を出す、動くといった電気製品の特徴や、コードがついているという共通事項を整理したり、自宅にある料理道具とのデザインの違いなどを確認したりするとよいでしょう。③の働く車についても同様です。タクシーとパトカー、救急車と白いワゴン車などを間違えたりしないように、それぞれの車の特徴的な部分をしっかりと確認しておいてください。

【おすすめ問題集】

Ｊｒ・ウォッチャー11「いろいろな仲間」、12「日常生活」

問題28　分野：図形（展開）

考え　観察

〈準備〉　鉛筆

〈問題〉　左の絵のように折った紙の黒い部分を切り取って広げると、どのようになるでしょうか。右側の絵の中から選んで○をつけてください。

〈時間〉　各20秒

〈解答〉　①左端　②左から２番目　③右端

学習のポイント

折り紙を使った展開の問題は、当校ではよく出題されています。折り紙を２つに折ったり４つに折った時の線の位置や、切って展開した時の形などは、実際に、折り紙の展開を何度も繰り返して理解させるようにしてください。折った時に見えている形が、開いた時にどの位置に来るのか、どの向きになるのかを経験的につかめるようになることが目標です。慣れてきたら、複雑な形で練習したり、展開した後の線や模様を想像してから開いてみるなどの練習をしたりしていくと、より応用力を高められるでしょう。

【おすすめ問題集】
Ｊｒ・ウォッチャー５「回転・展開」

問題29　分野：言語（しりとり）

知識　集中

〈準備〉　鉛筆

〈問題〉　左上の「ゴリラ」からはじめて、右下の「クジラ」までしりとりになるように、線で結んでください。

〈時間〉　２分

〈解答〉　下図参照

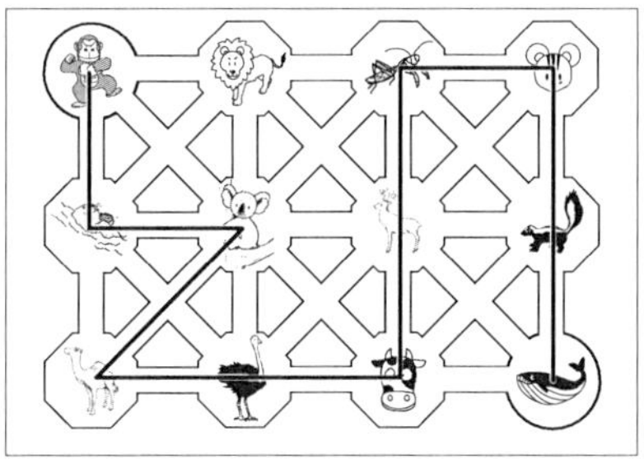

学習のポイント

しりとりは基本的なルールを知らなかったり、ものの名前がわからなかったりすると、答えられません。本問ではとりたてて難しい絵は描かれていませんから、問題に出てきたものは、すべて知っていた方がよいでしょう。名前は幼児言葉や方言ではなく、一般的な名称で覚えておきましょう。言語分野の問題では、言葉が音のつながりでできていることを理解することがポイントです。ふだんの練習の際に、「ゴ・リ・ラ」などと名前を構成する音を１音ずつ区切りながら確認していくとよいでしょう。同時にもののはたらきや特徴などもあわせて覚えていくと、言語だけでなく常識分野からの出題に備えることもできます。

【おすすめ問題集】
Ｊｒ・ウォッチャー17「言葉の音遊び」、18「いろいろな言葉」、49「しりとり」
60「言葉の音（おん）」

問題30　分野：数量（計数）　**集中**

〈準 備〉　鉛筆

〈問 題〉　左の絵と同じ数のものを右の絵から選んで、○をつけてください。

〈時 間〉　各15秒

〈解 答〉　①右端　②右から２番目　③左から２番目　④右端

学習のポイント

見本と同じ数のものを見つける問題です。絵を見ておおよその個数をつかみ、それを正確に数えることが要求されています。例外もありますが、小学校受験では、おおむね10までの数を数えられることが前提とされています。１ケタの数については、すばやく正確に数えられるようにしましょう。数をすばやくかぞえるためには、日頃の練習で慣れていくことが大切です。おはじきなどの具体物を数えながら、数の概念を理解させる練習をしてください。慣れてきたら、おはじきを使わずに、視覚だけで個数をつかめるような工夫をしていくとよいでしょう。

【おすすめ問題集】

Ｊｒ・ウォッチャー14「数える」、36「同数発見」、37「選んで数える」

東京学芸大学附属大泉小学校　専用注文書

年　　月　　日

合格のための問題集ベスト・セレクション

＊入試頻出分野ベスト３

1st　常識	2nd　数量	3rd　記憶
知識　聞く力　思考力	観察力　聞く力　正確さ	集中力　聞く力

常識分野と口頭試問では、身近な生活体験をふまえて判断する、生活常識、マナーの問題が頻出です。
お話の記憶では、お話の内容を独特な形式で答えるのも、当校の特徴です。

分野	書　名	価格(税抜)	注文	分野	書　名	価格(税抜)	注文
図形	Ｊｒ・ウォッチャー５「回転・展開」	1,500円	冊	数量	Ｊｒ・ウォッチャー38「たし算・ひき算」	1,500円	冊
図形	Ｊｒ・ウォッチャー８「対称」	1,500円	冊	数量	Ｊｒ・ウォッチャー39「たし算・ひき算２」	1,500円	冊
図形	Ｊｒ・ウォッチャー９「合成」	1,500円	冊	数量	Ｊｒ・ウォッチャー42「一対多の対応」	1,500円	冊
常識	Ｊｒ・ウォッチャー11「いろいろな仲間」	1,500円	冊	図形	Ｊｒ・ウォッチャー45「図形分割」	1,500円	冊
常識	Ｊｒ・ウォッチャー12「日常生活」	1,500円	冊	図形	Ｊｒ・ウォッチャー48「鏡図形」	1,500円	冊
数量	Ｊｒ・ウォッチャー14「数える」	1,500円	冊	図形	Ｊｒ・ウォッチャー54「図形の構成」	1,500円	冊
数量	Ｊｒ・ウォッチャー16「積み木」	1,500円	冊	常識	Ｊｒ・ウォッチャー55「理科②」	1,500円	冊
記憶	Ｊｒ・ウォッチャー19「お話の記憶」	1,500円	冊	常識	Ｊｒ・ウォッチャー56「マナーとルール」	1,500円	冊
巧緻性	Ｊｒ・ウォッチャー25「生活巧緻性」	1,500円	冊		新口頭試問・個別テスト問題集	2,500円	冊
常識	Ｊｒ・ウォッチャー27「理科」	1,500円	冊		面接テスト問題集	2,000円	冊
運動	Ｊｒ・ウォッチャー28「運動」	1,500円	冊		苦手克服問題集　常識編	2,000円	冊
観察	Ｊｒ・ウォッチャー29「行動観察」	1,500円	冊		お話の記憶問題集　中級編	2,000円	冊
常識	Ｊｒ・ウォッチャー34「季節」	1,500円	冊		１話５分の読み聞かせお話集①②	1,800円	各　冊
数量	Ｊｒ・ウォッチャー37「選んで数える」	1,500円	冊				

合計	冊	円

（フリガナ） 氏　名	電　話 ＦＡＸ E-mail
住　所　〒　　　－	以前にご注文されたことはございますか。 有　・　無

★お近くの書店、または記載の電話・FAX・ホームページにてご注文をお受けしております。
電話：03-5261-8951　FAX：03-5261-8953　代金は書籍合計金額＋送料がかかります。
※なお、落丁・乱丁以外の理由による商品の返品・交換には応じかねます。
★ご記入頂いた個人に関する情報は、当社にて厳重に管理致します。なお、ご購入の商品発送の他に、当社発行の書籍案内、書籍に関する調査に使用させて頂く場合がございますので、予めご了承ください。

日本学習図書株式会社
http://www.nichigaku.jp

問題 1

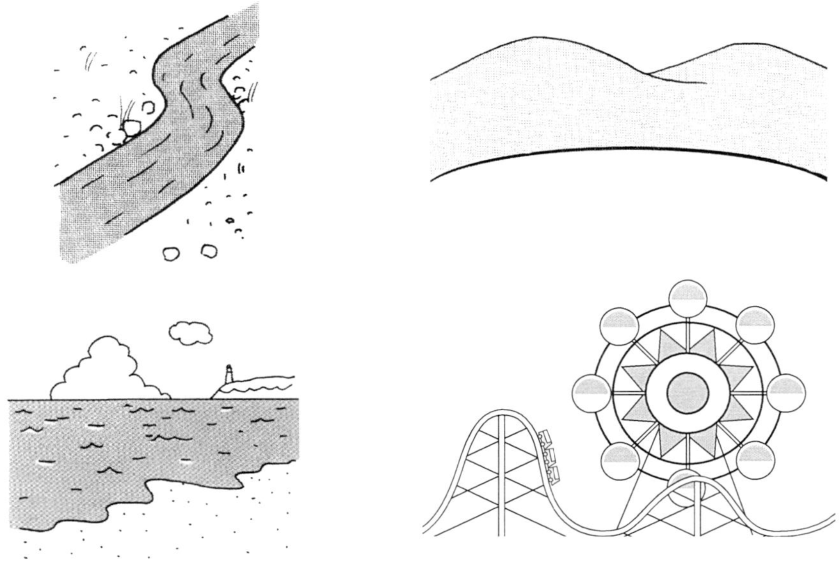

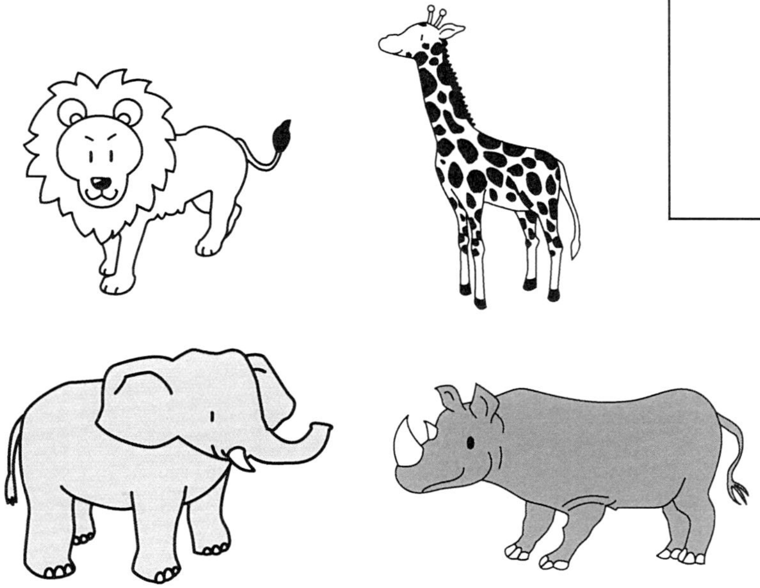

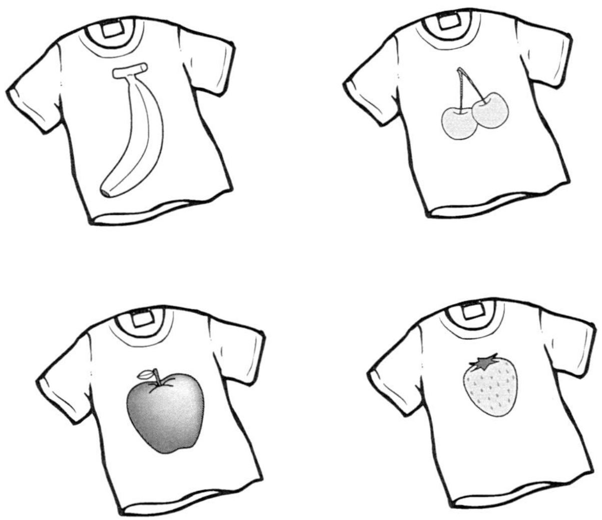

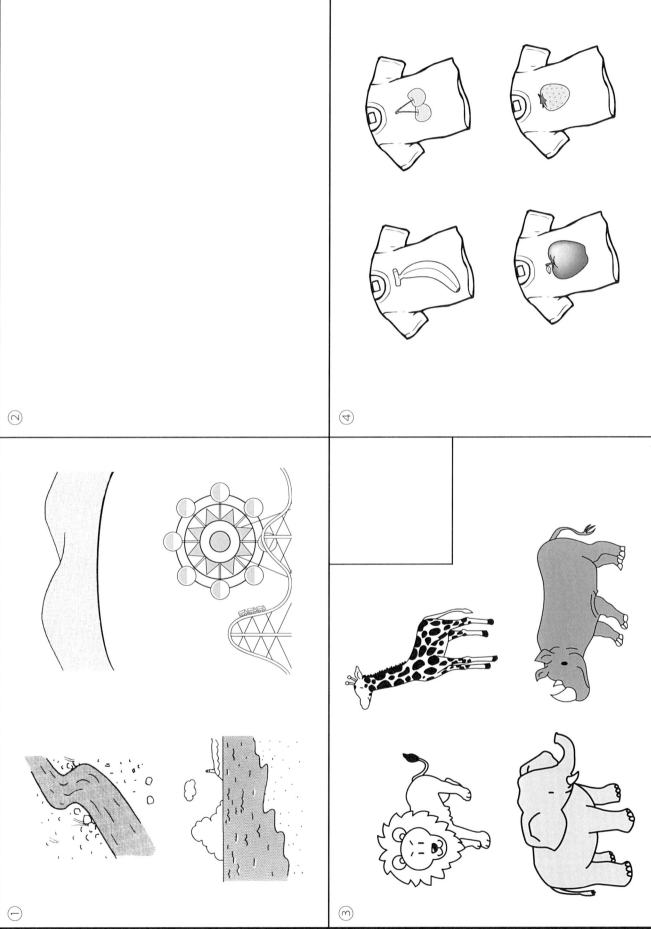

問題 2

2021年度　附属大泉小学校　ステップアップ　無断複製/転載を禁ずる

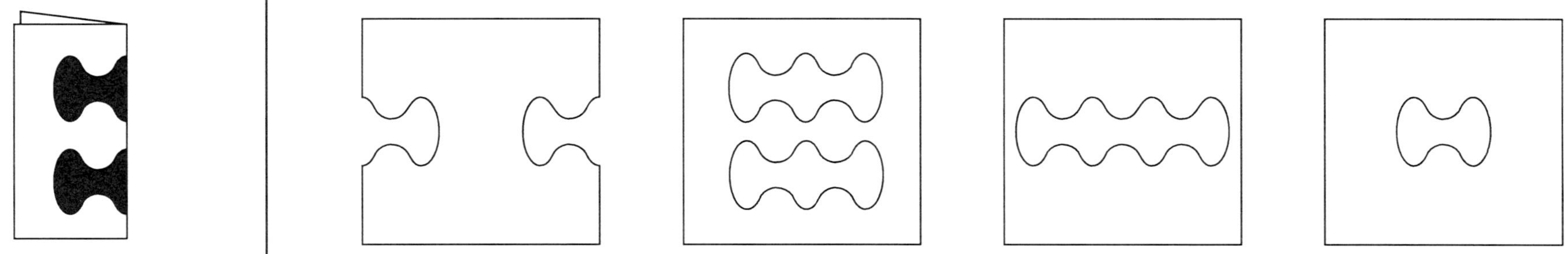

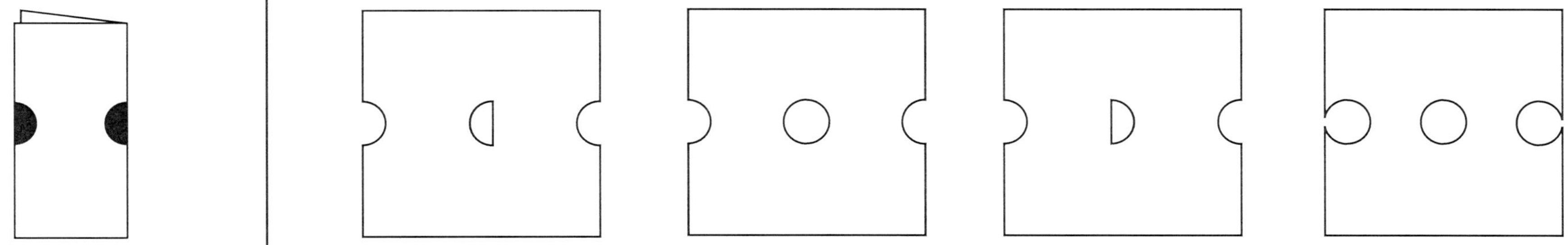

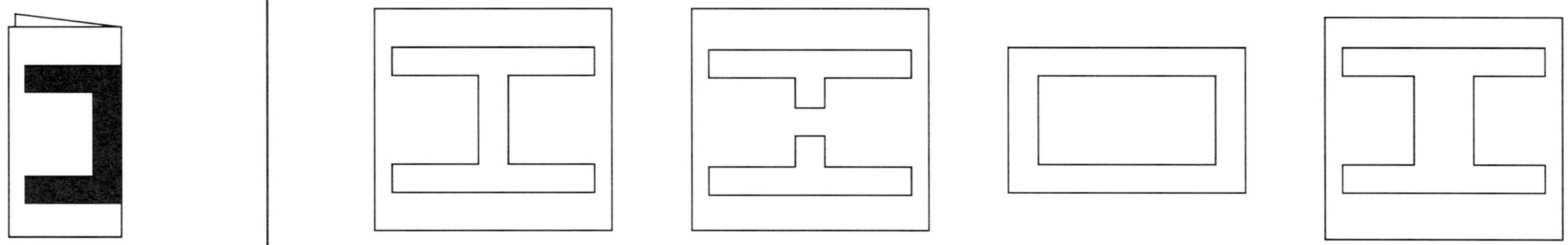

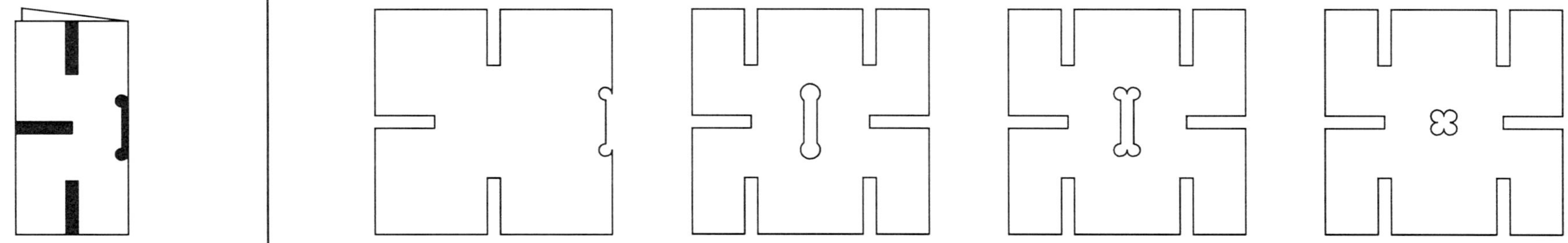

2021 年度 附属大泉小学校 ステップアップ 無断複製／転載を禁ずる 日本学習図書株式会社

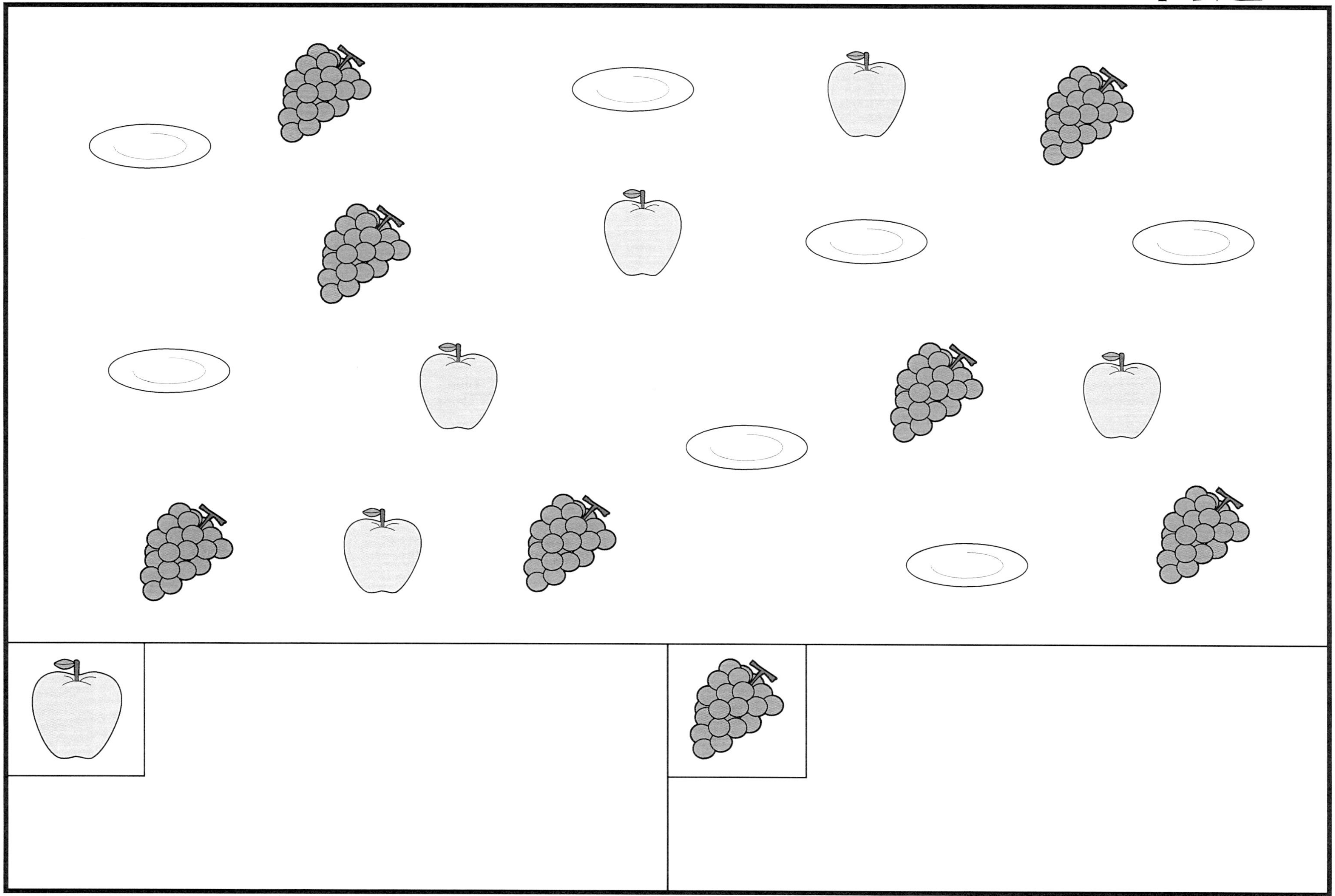

日本学習図書株式会社

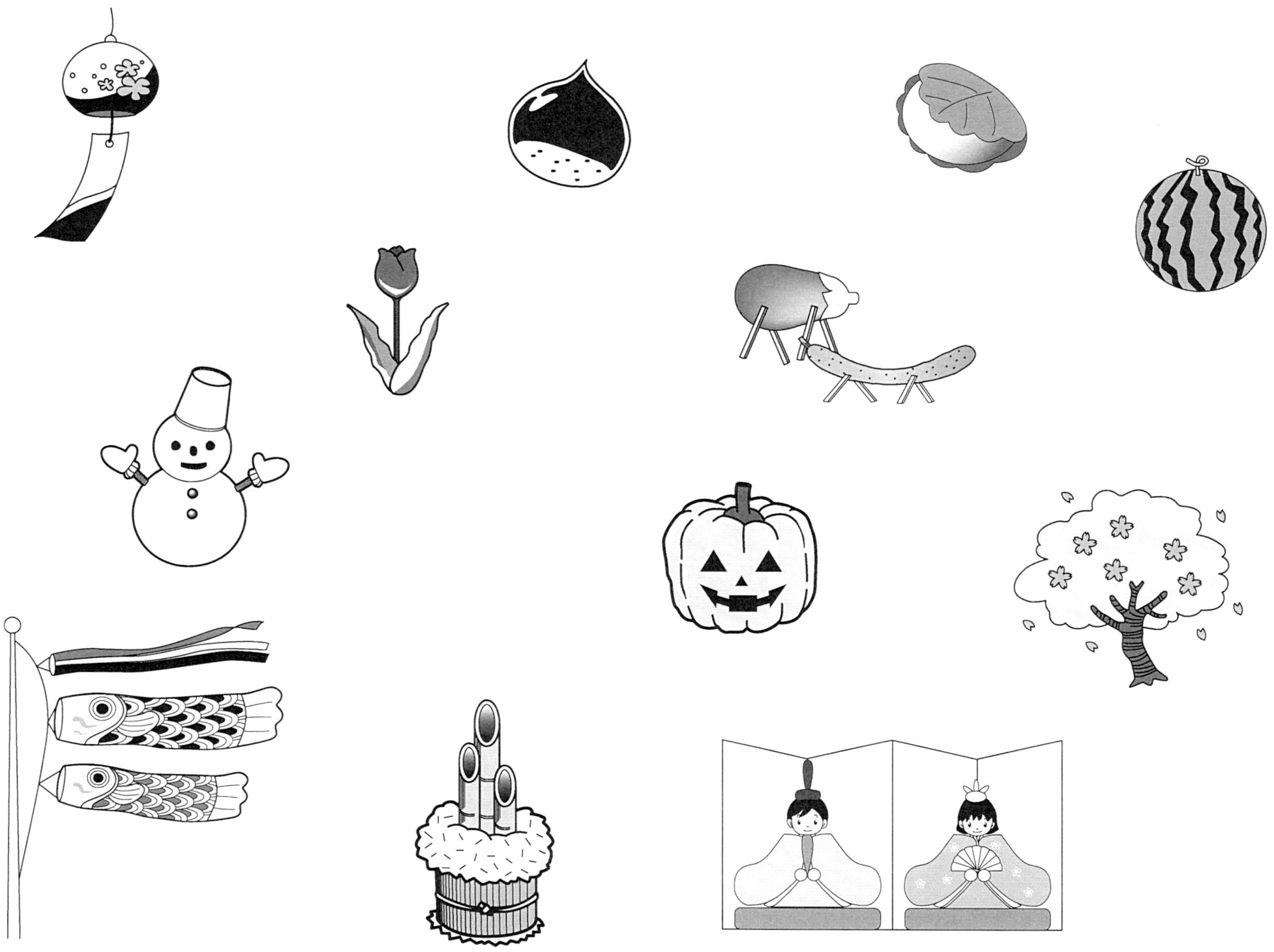

2021 年度　附属大泉小学校　ステップアップ　無断複製／転載を禁ずる　　日本学習図書株式会社

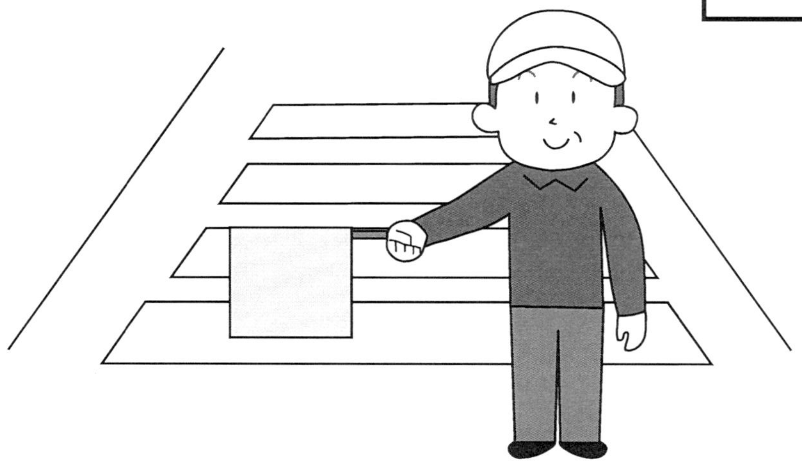

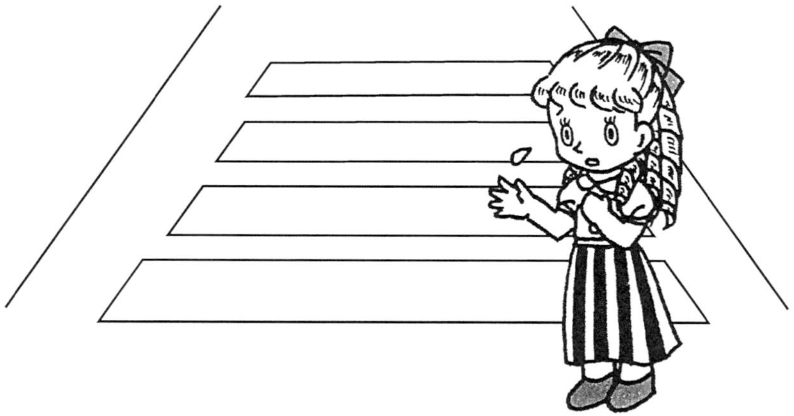

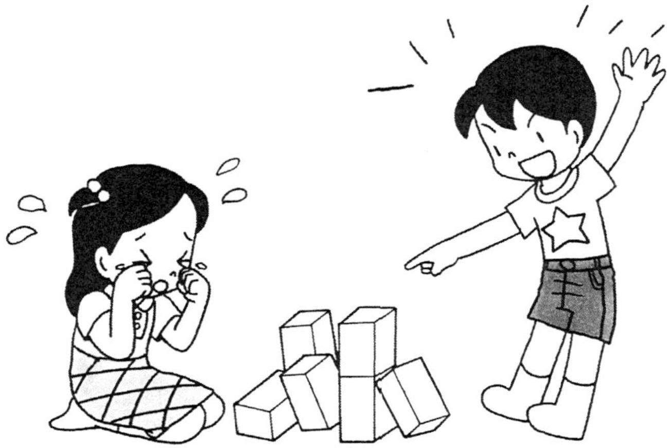

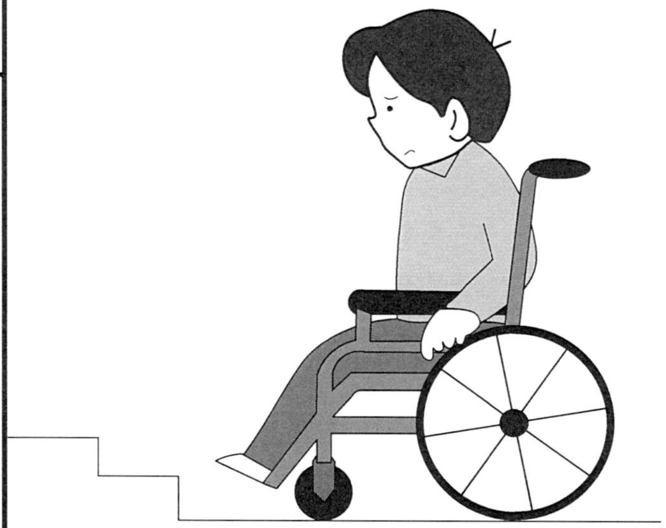

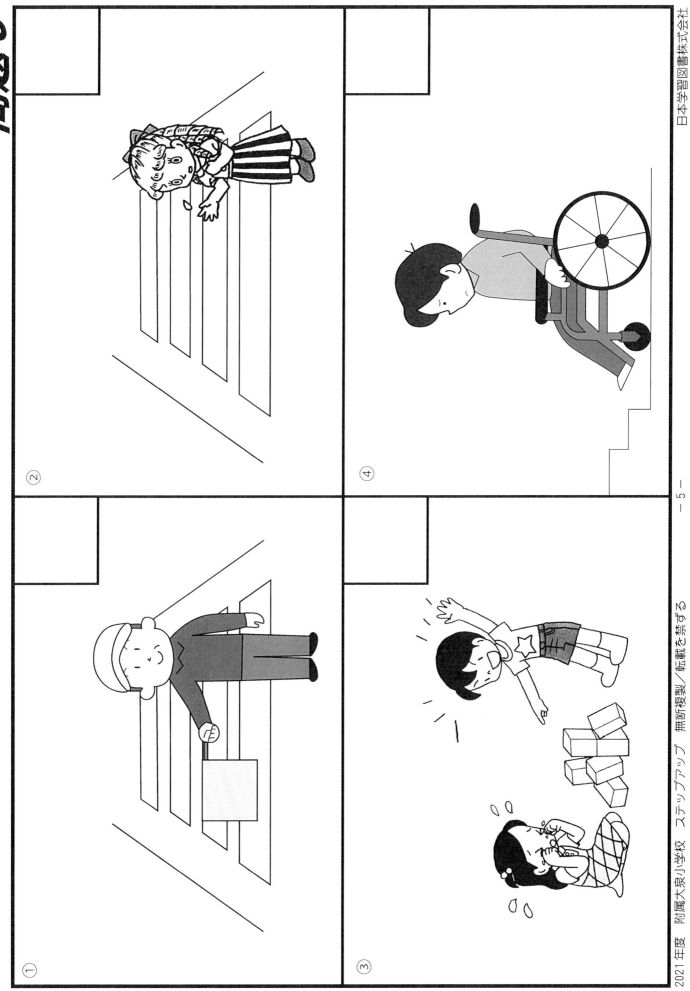

2021年度　附属大泉小学校　ステップアップ　無断複製／転載を禁ずる　日本学習図書株式会社

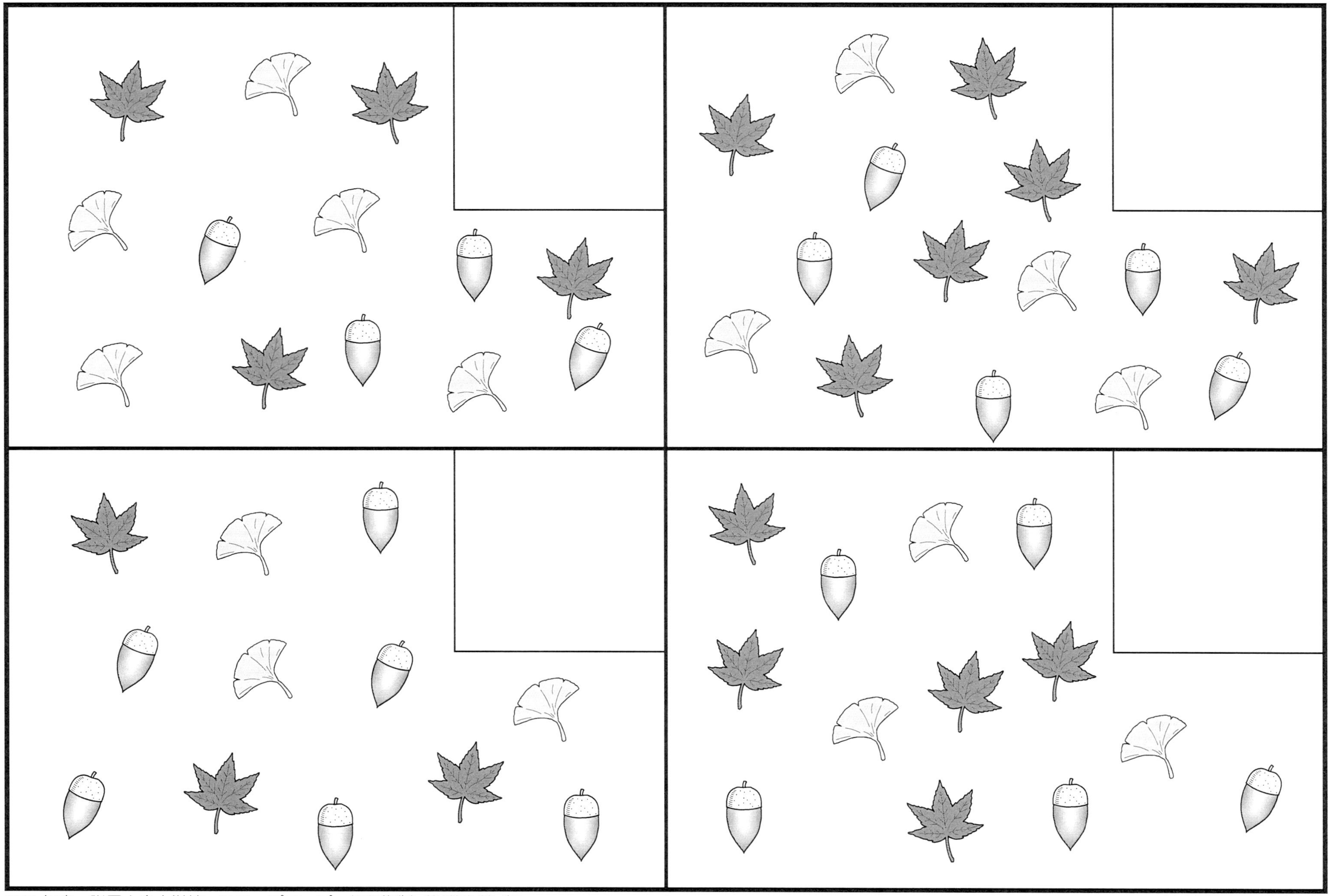

問題7

①

②

③

④

無断複製／転載を禁ずる

問題8

①

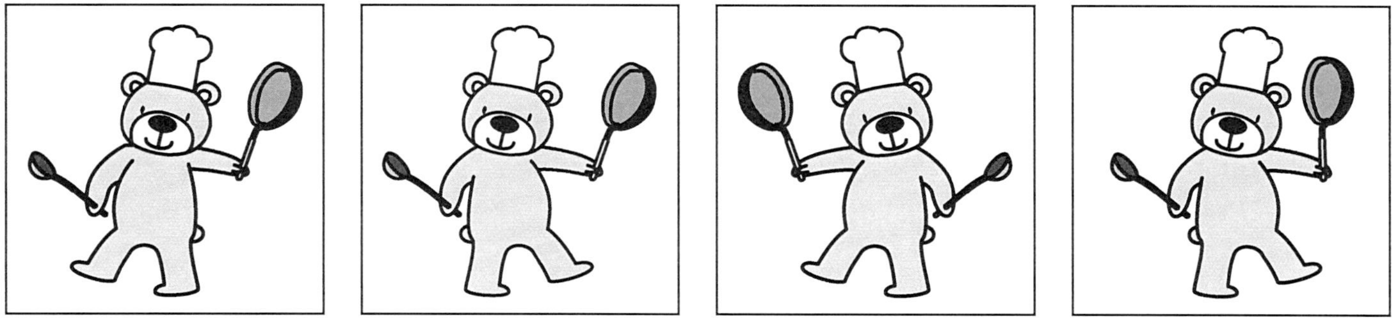

②

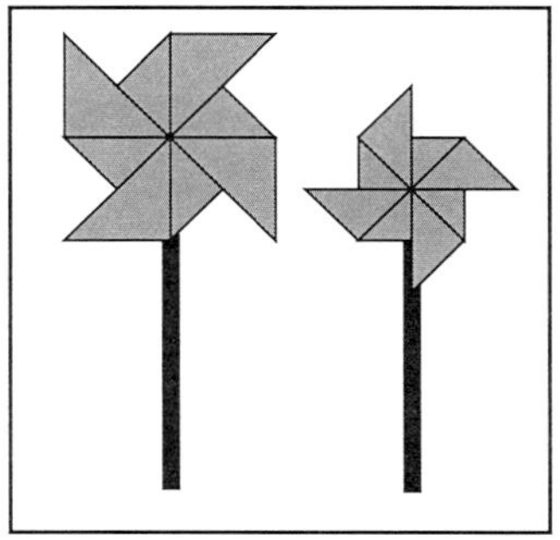

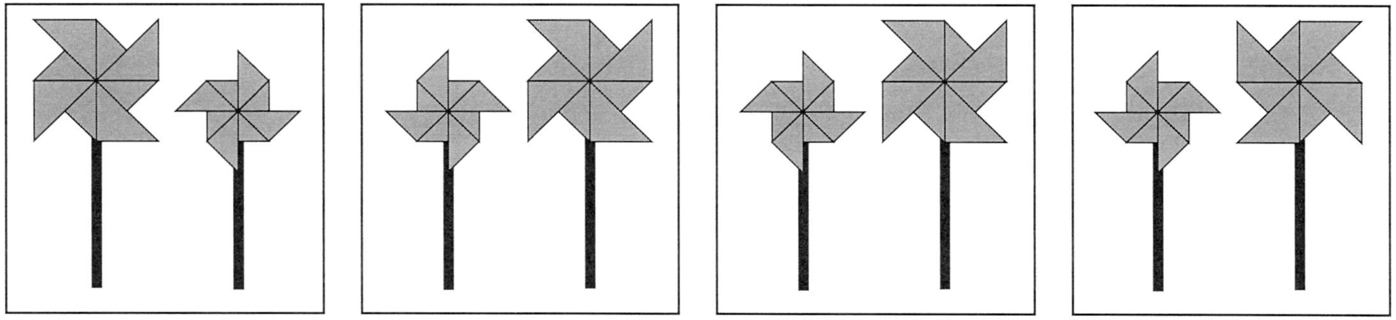

③

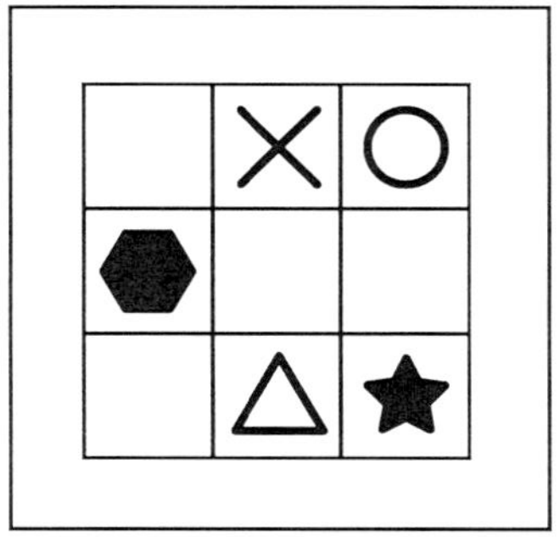

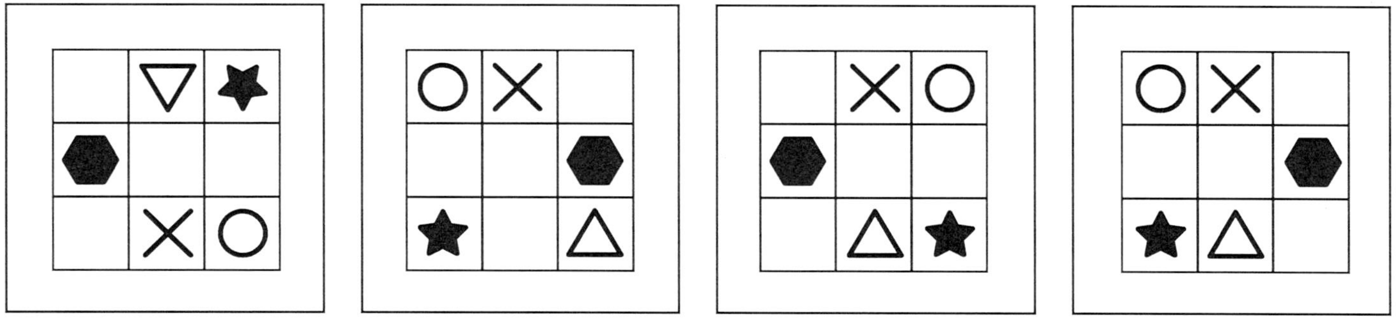

　無断複製／転載を禁ずる

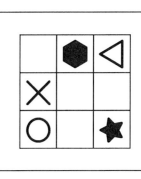

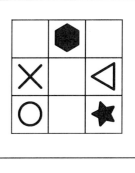

問題 9

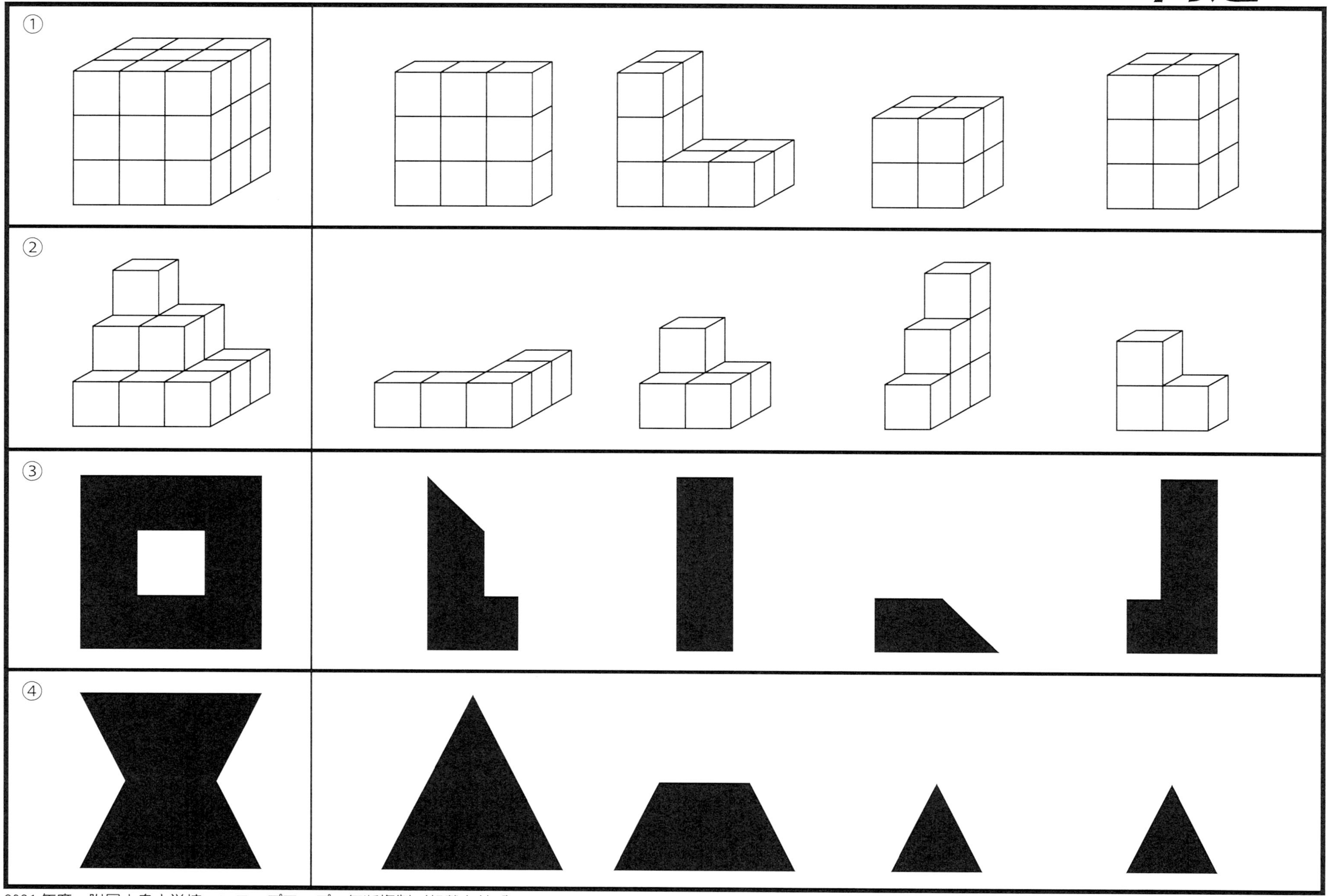

問題10

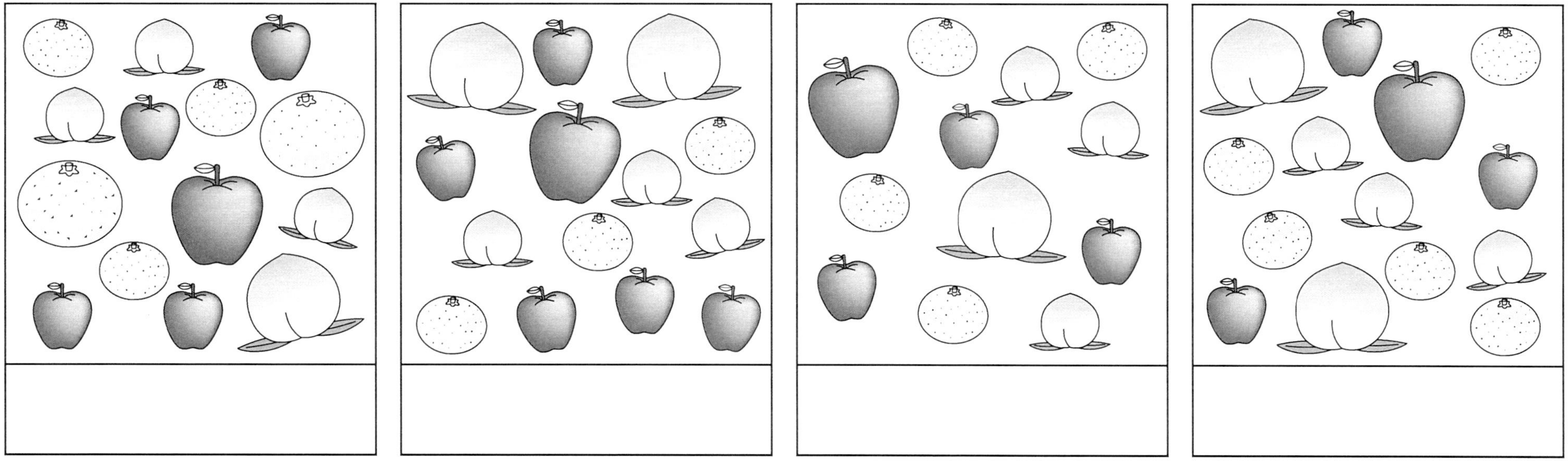

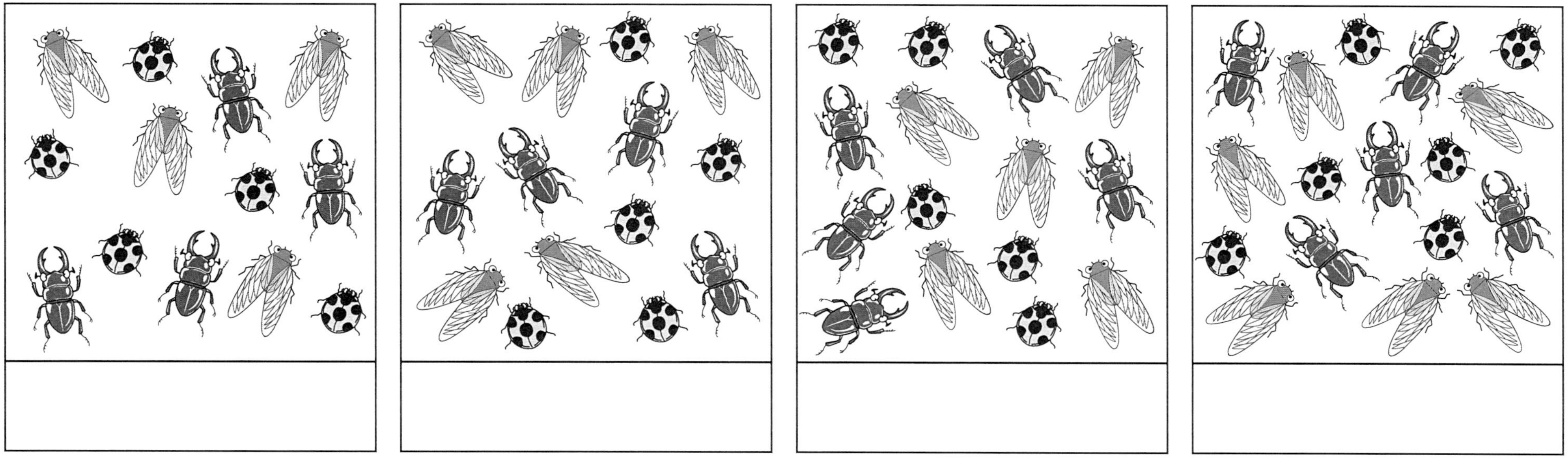

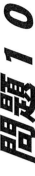

①

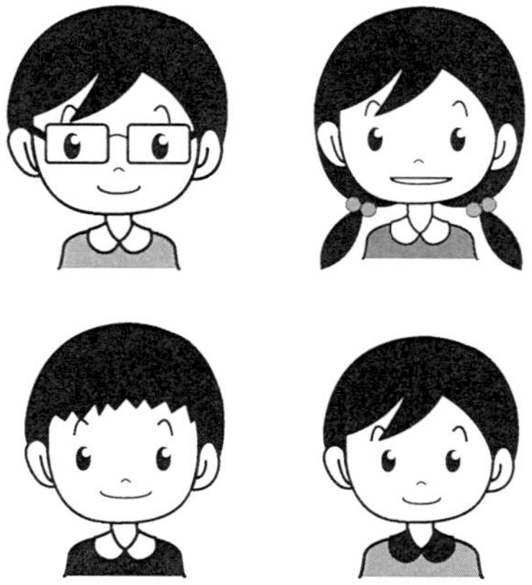

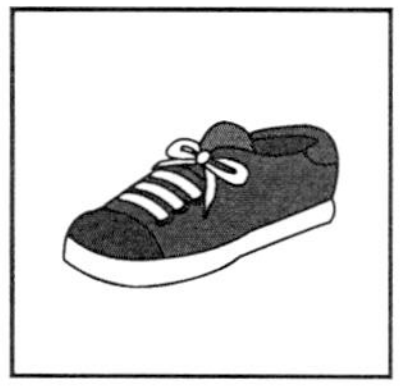

②

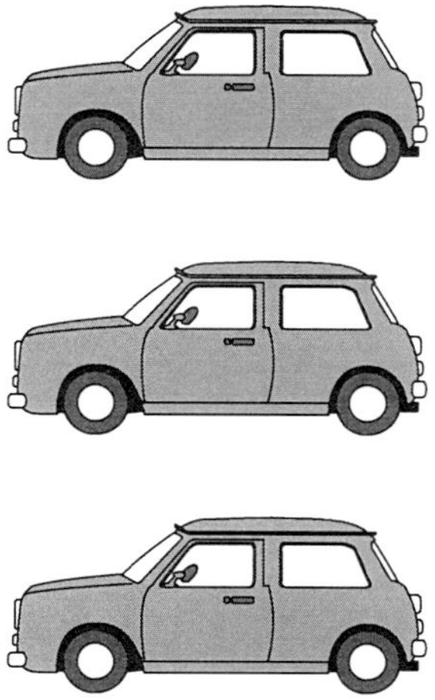

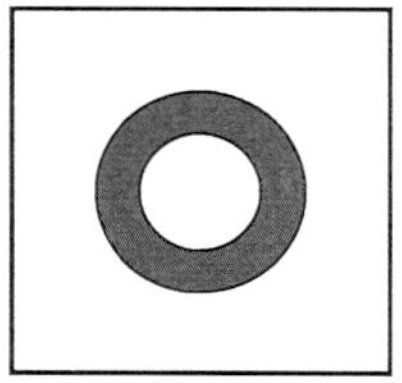

問題１２

①

②

③

④

無断複製／転載を禁ずる

日本学習図書株式会社

問題１３

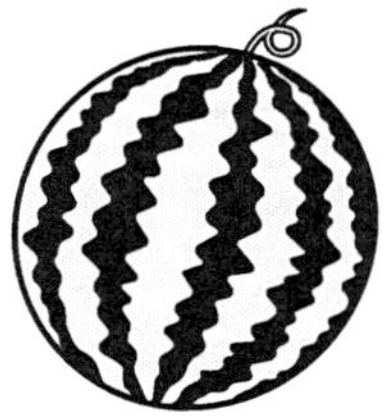

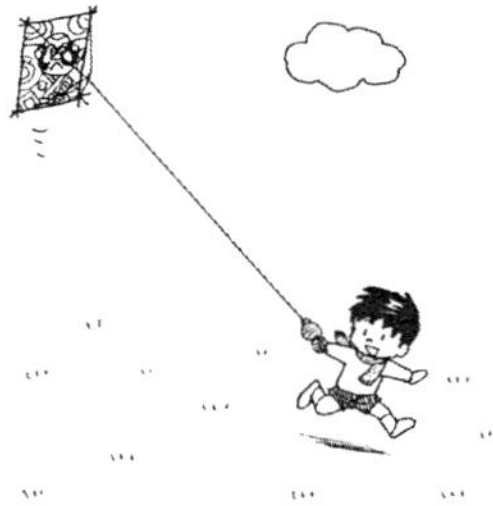

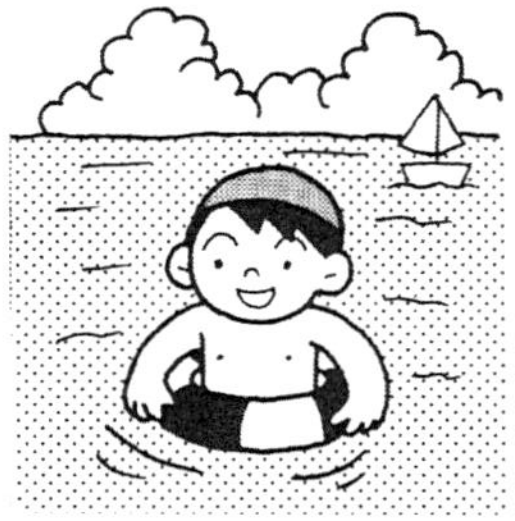

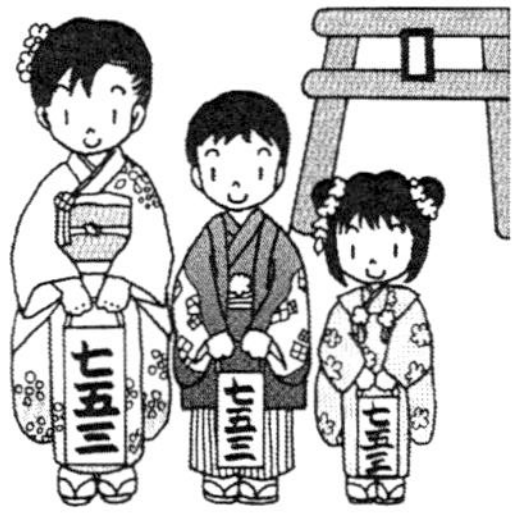

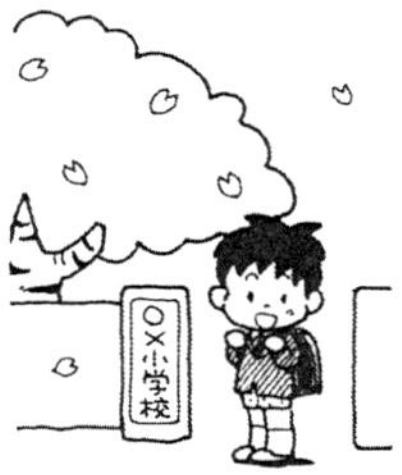

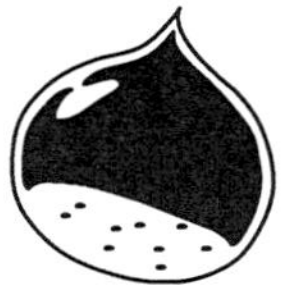

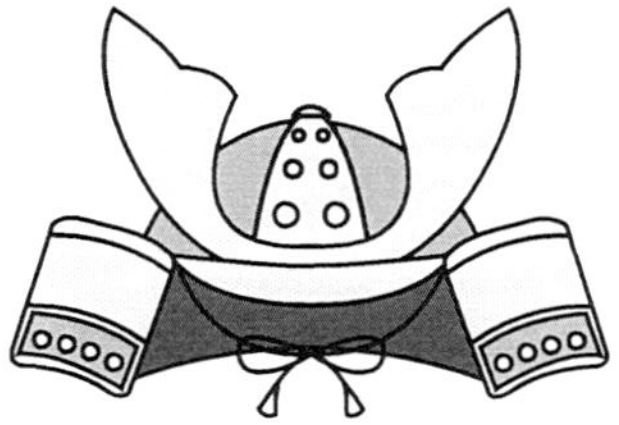

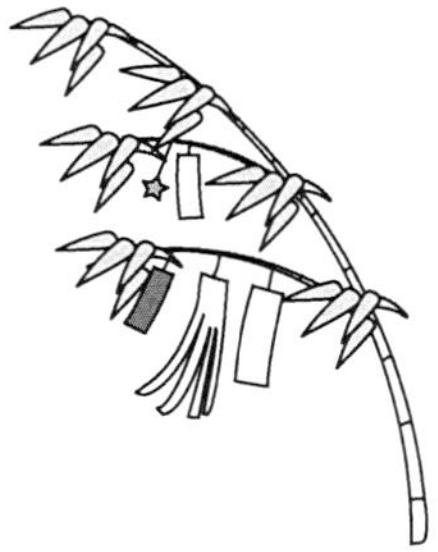

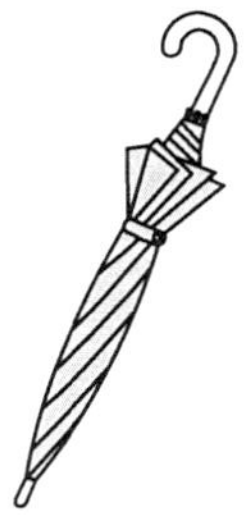

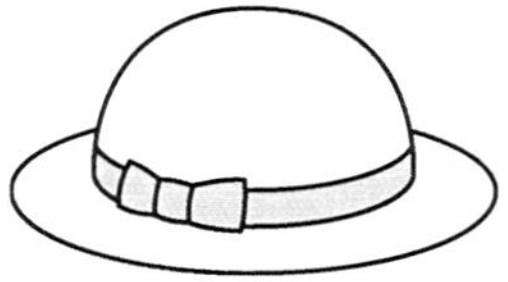

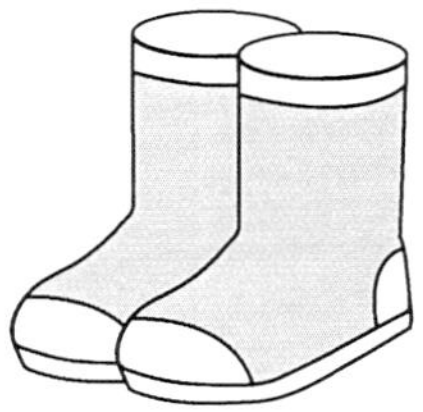

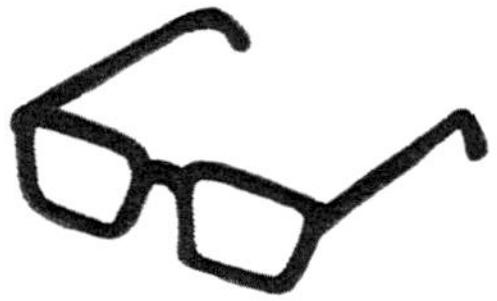

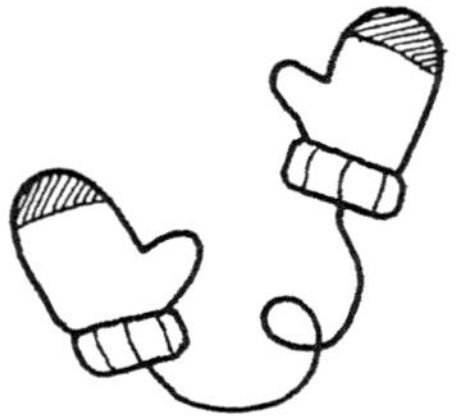

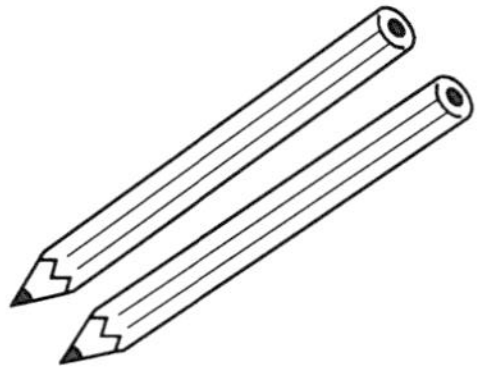

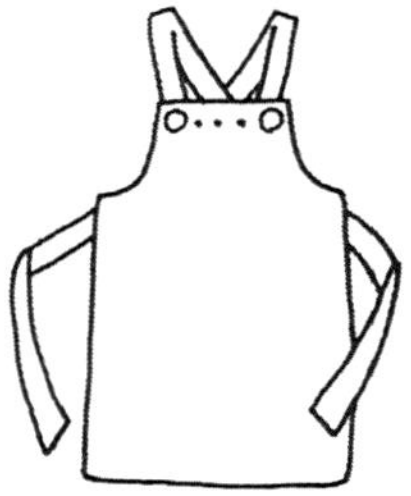

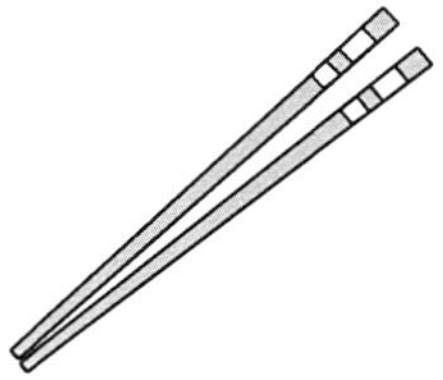

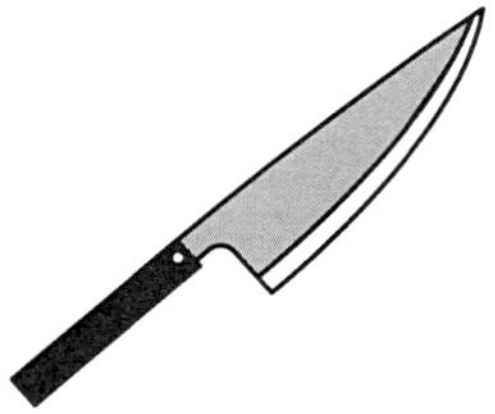

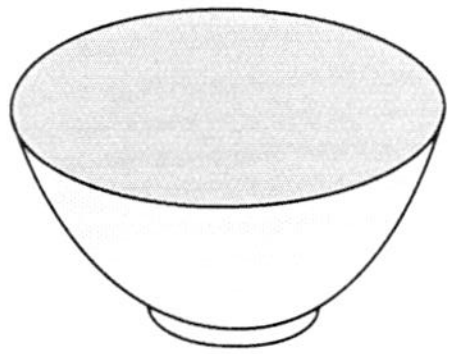

2021 年度　附属大泉小学校　ステップアップ　無断複製／転載を禁ずる　　　日本学習図書株式会社

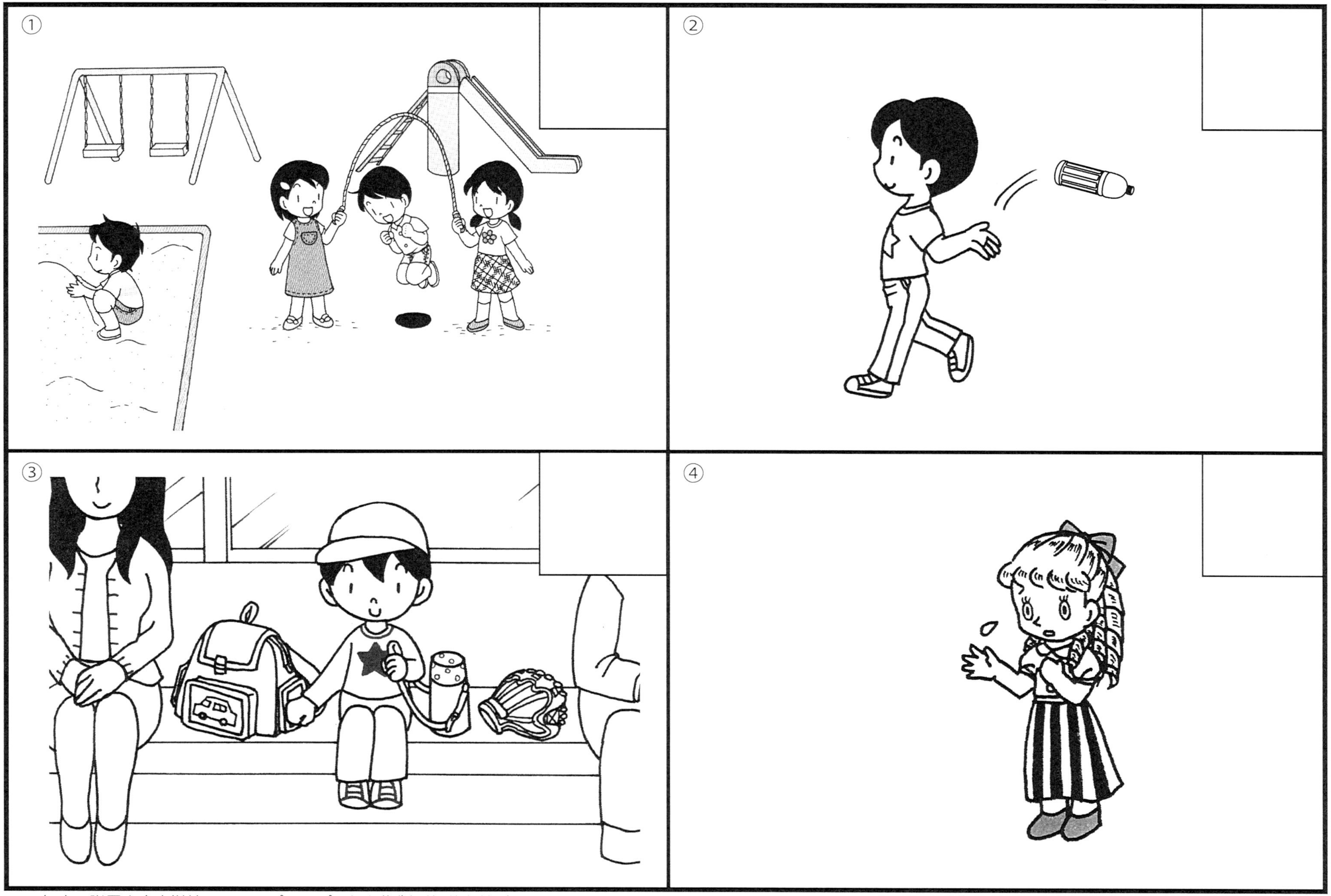

2021 年度　附属大泉小学校　ステップアップ　無断複製／転載を禁ずる　日本学習図書株式会社

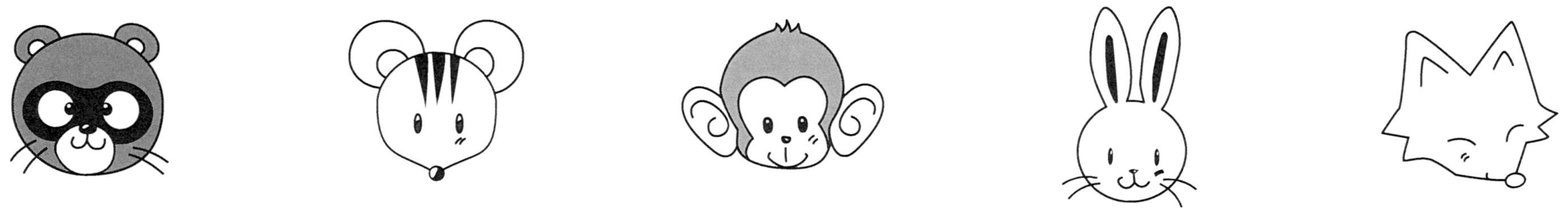

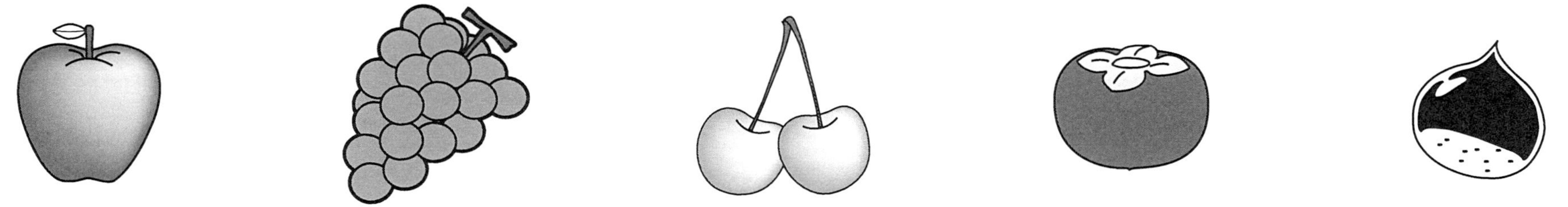

2021 年度 附属大泉小学校 ステップアップ 無断複製/転載を禁ずる 日本学習図書株式会社

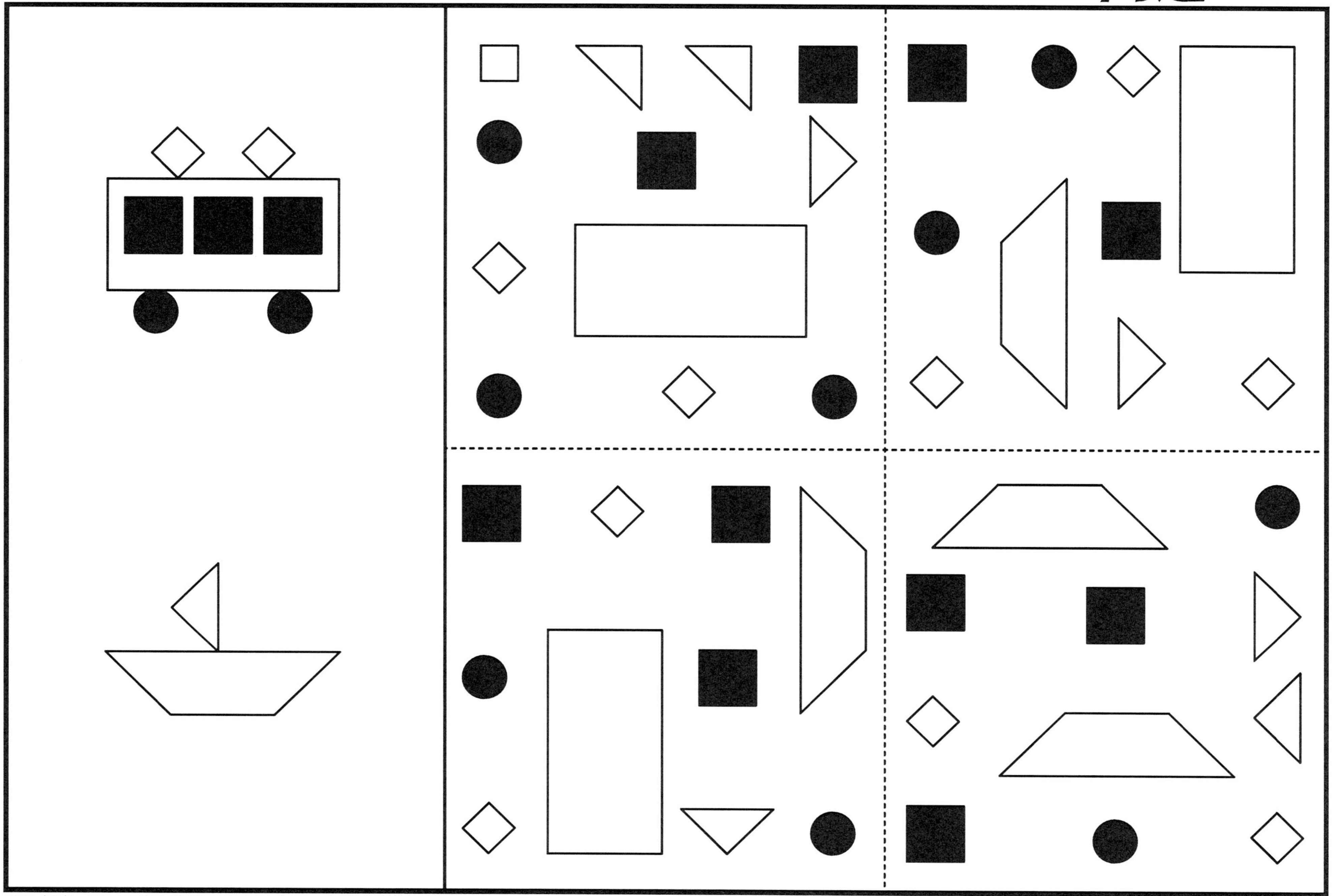

問題１７

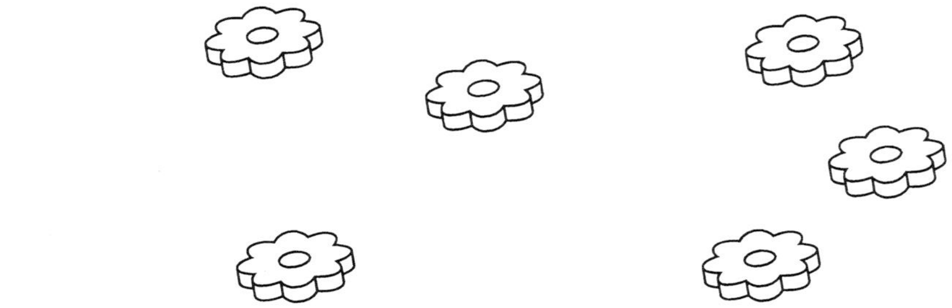

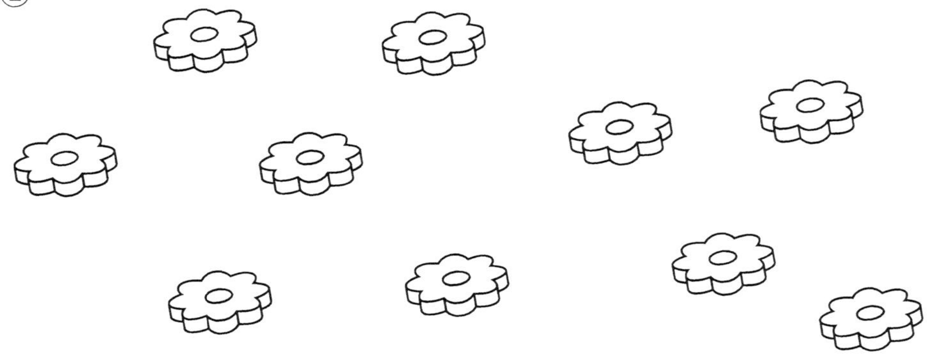

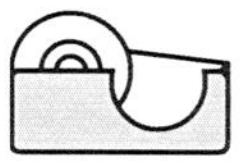

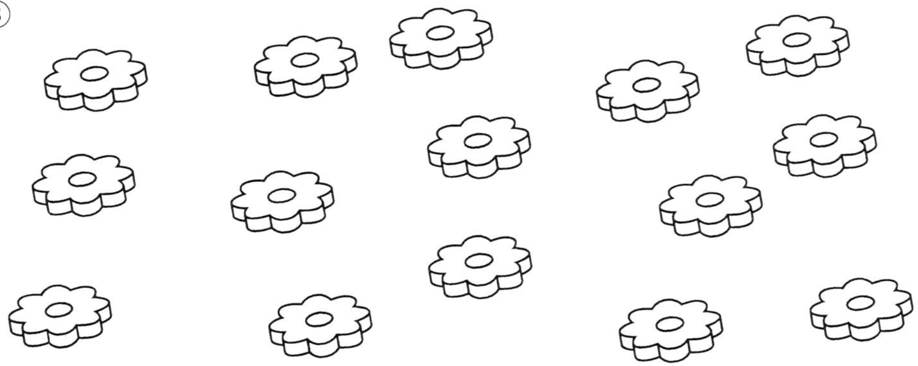

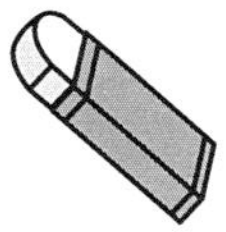

2021 年度　附属大泉小学校　ステップアップ　無断複製／転載を禁ずる　日本学習図書株式会社

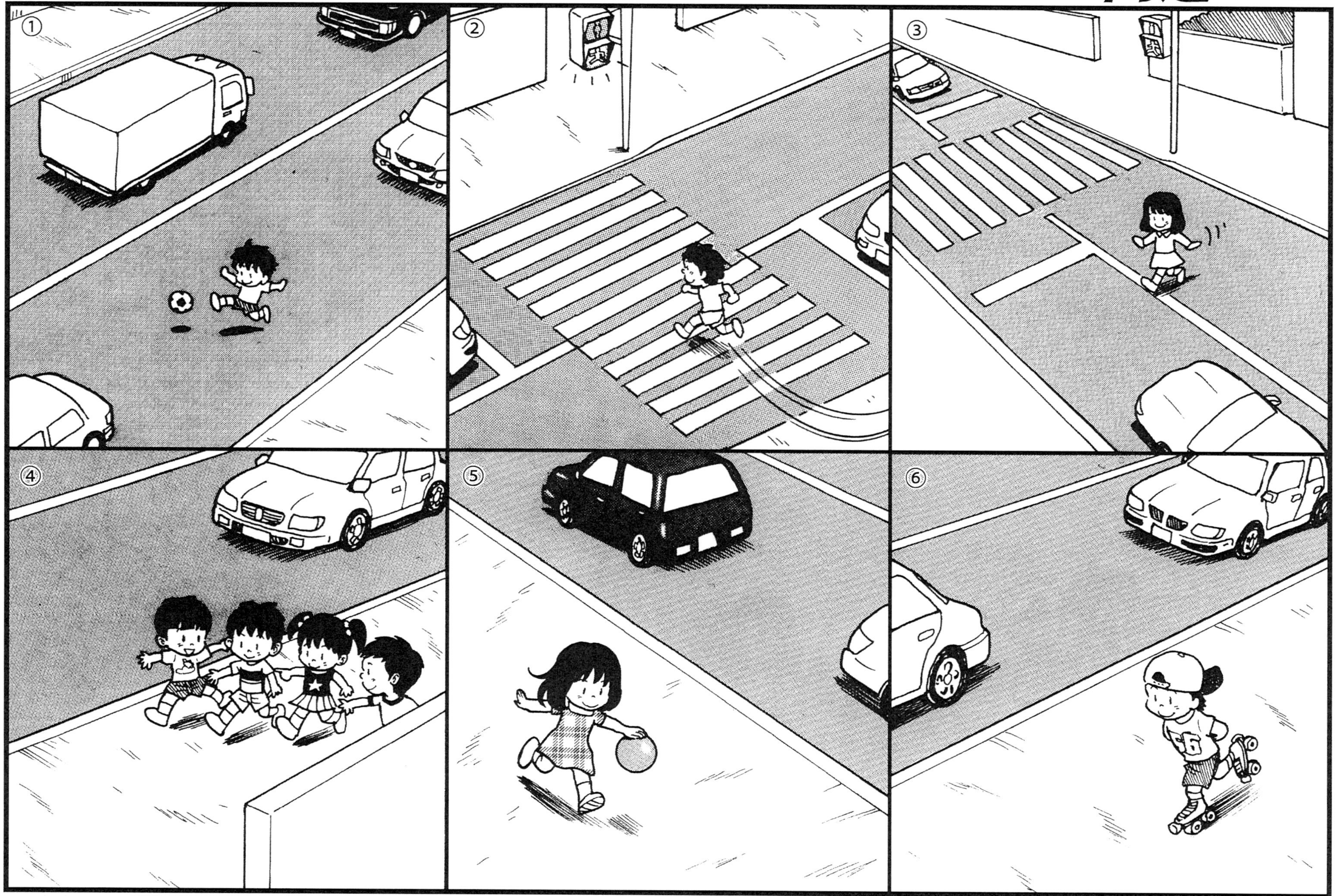

問題19

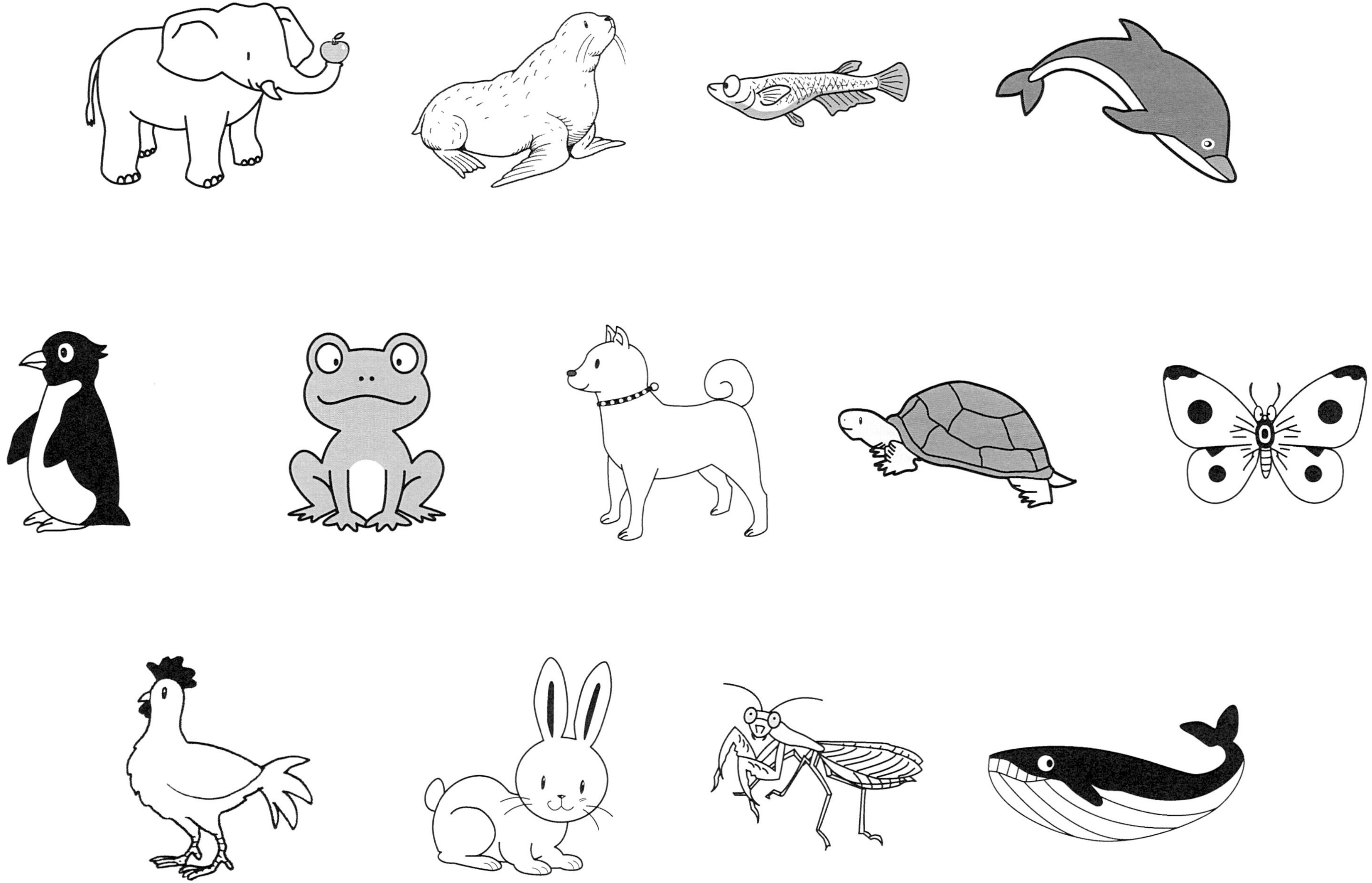

問題20

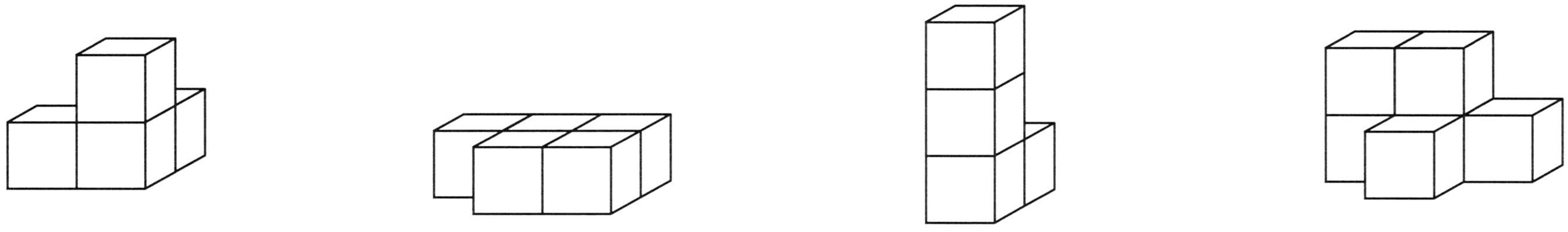

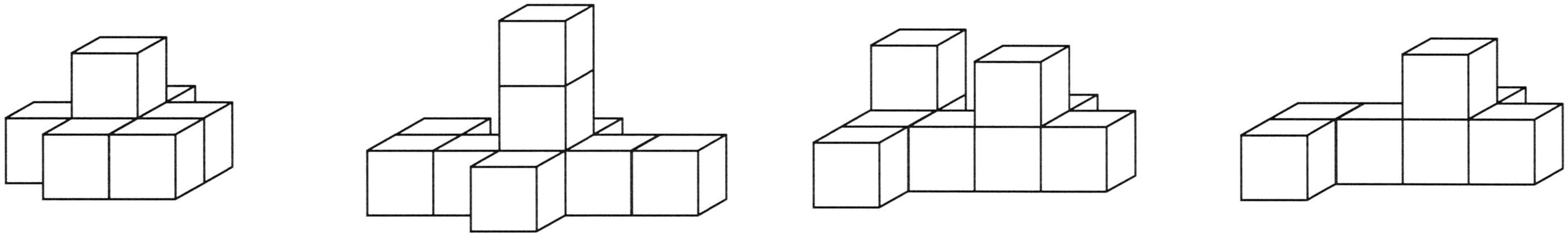

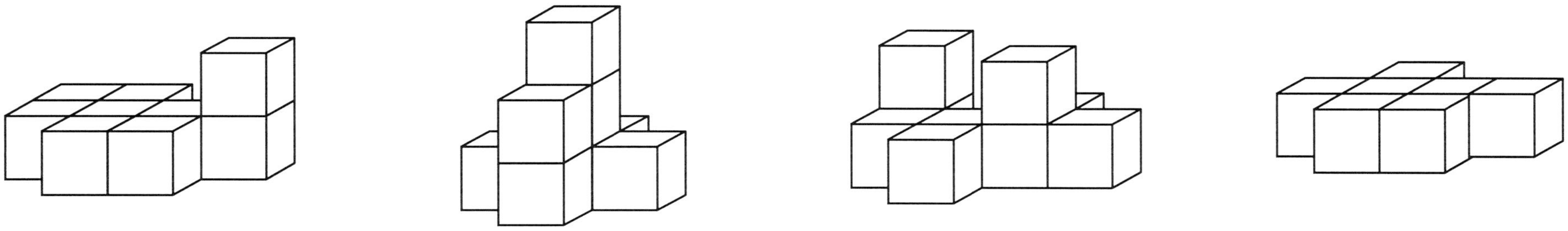

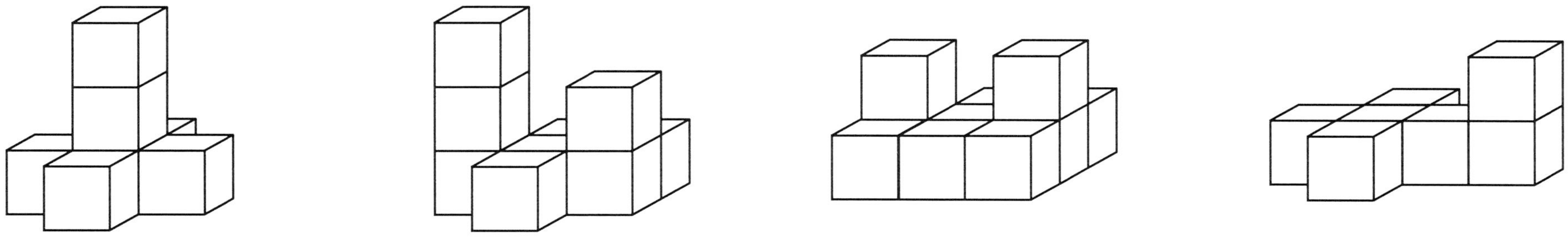

問題２１

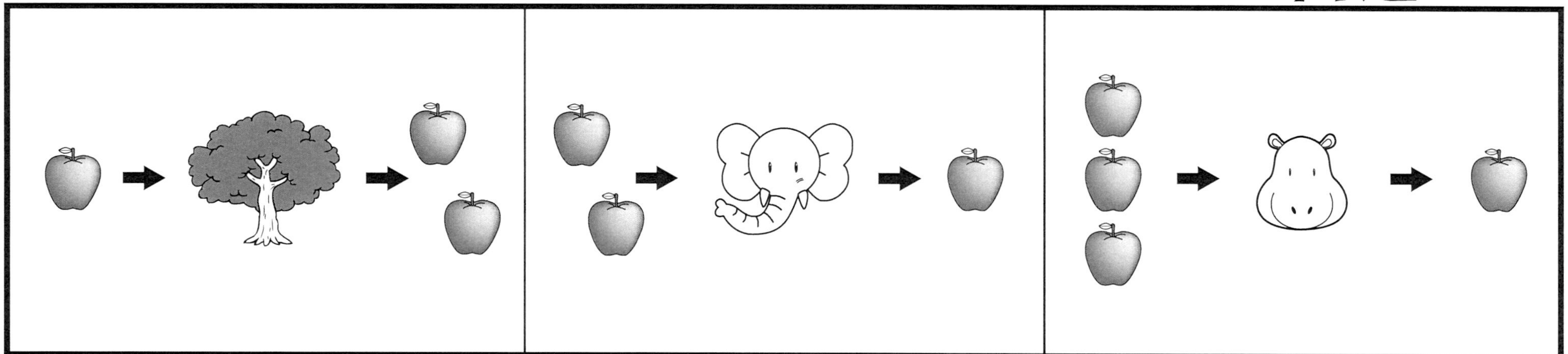

①

②

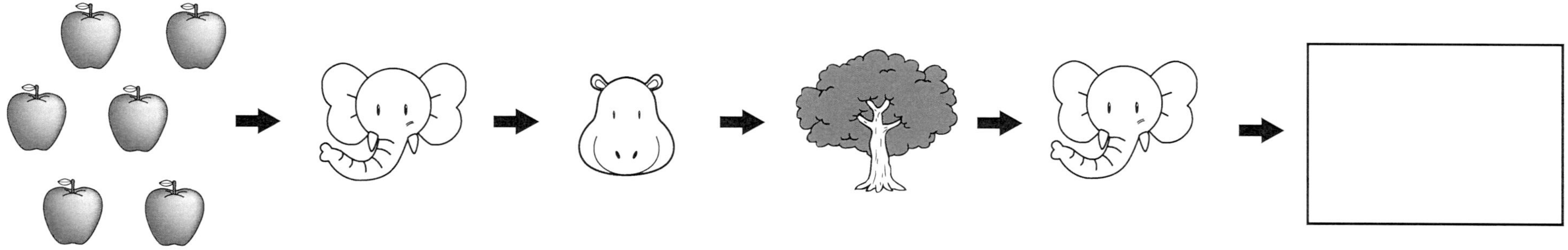

問題２２

①

②

無断複製／転載を禁ずる　　

問題 2 3

①

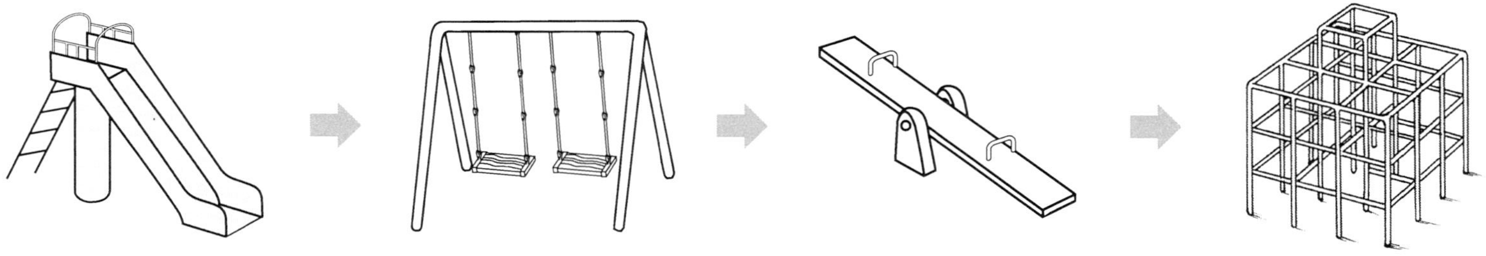

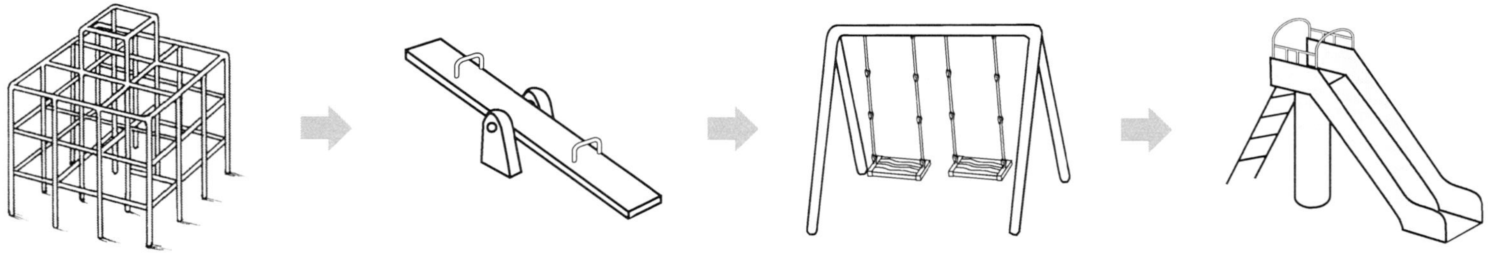

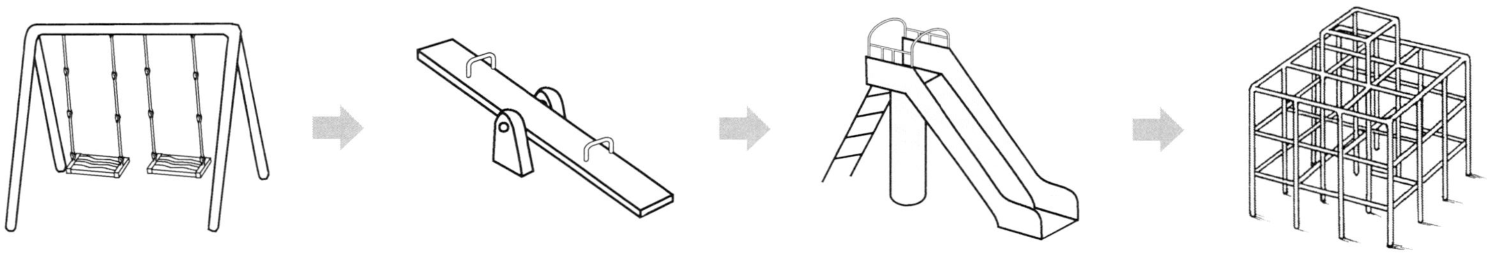

②

問題２４

①

②

2021 年度　附属大泉小学校　ステップアップ　無断複製／転載を禁ずる　　日本学習図書株式会社

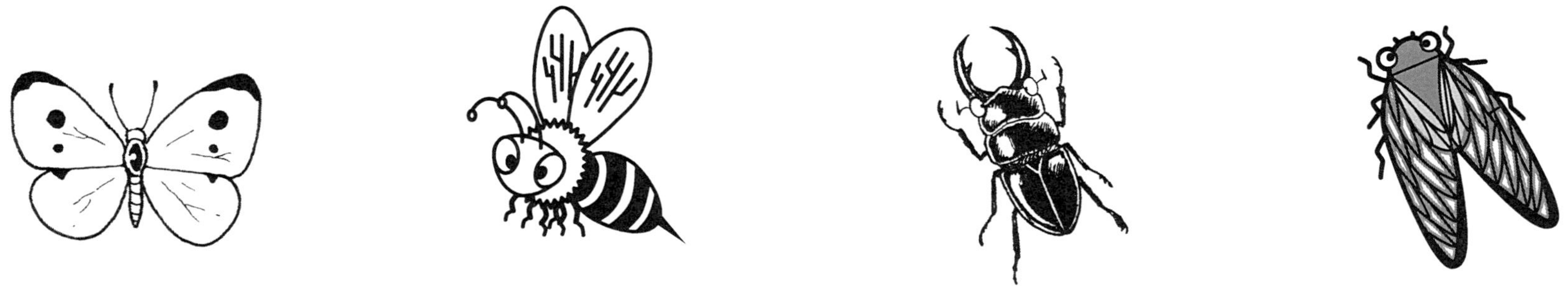

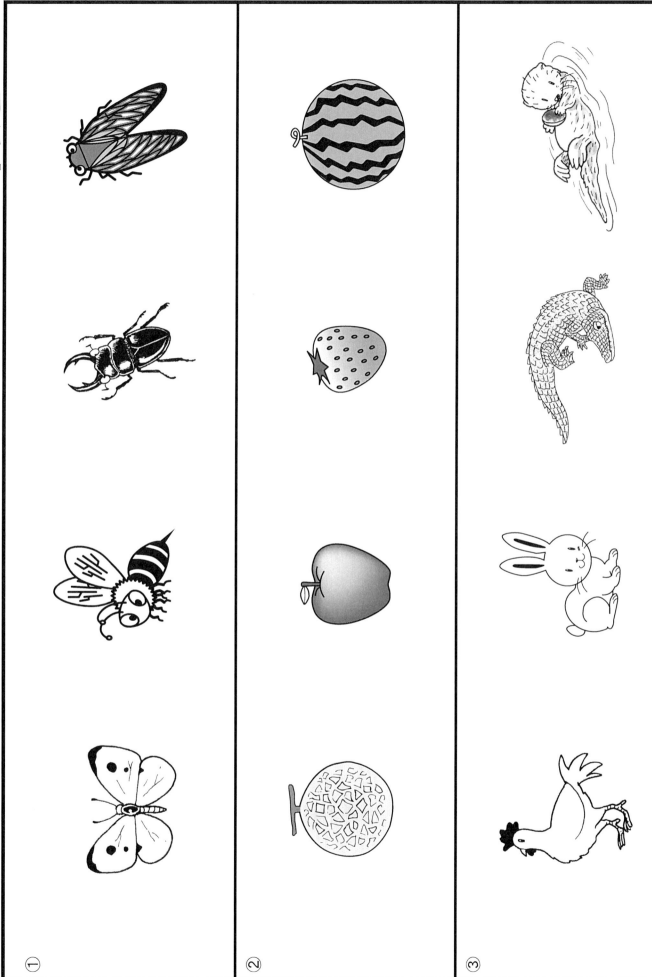

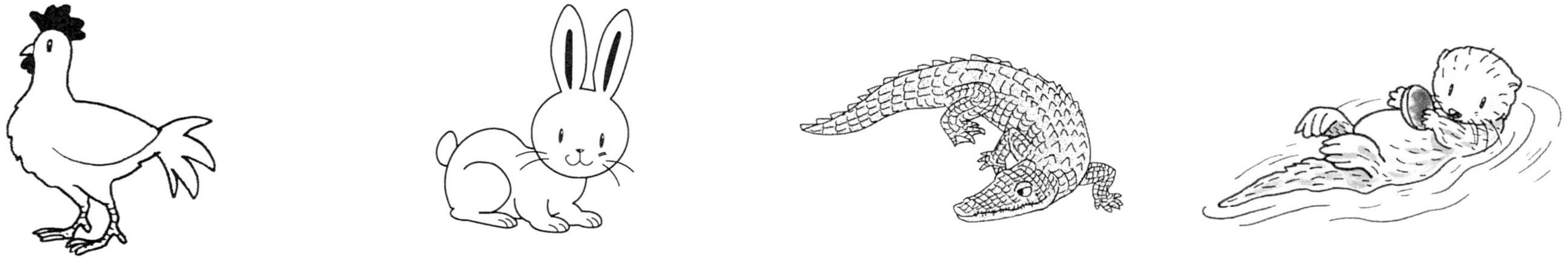

①

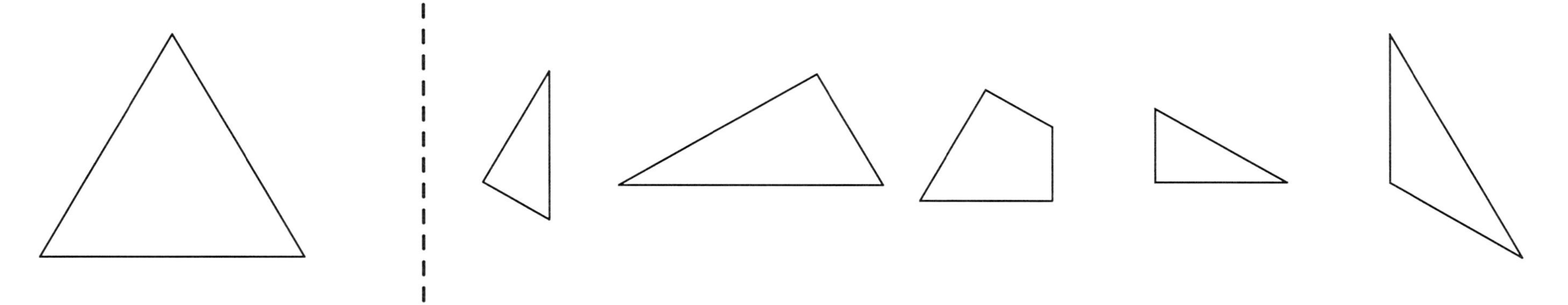

②

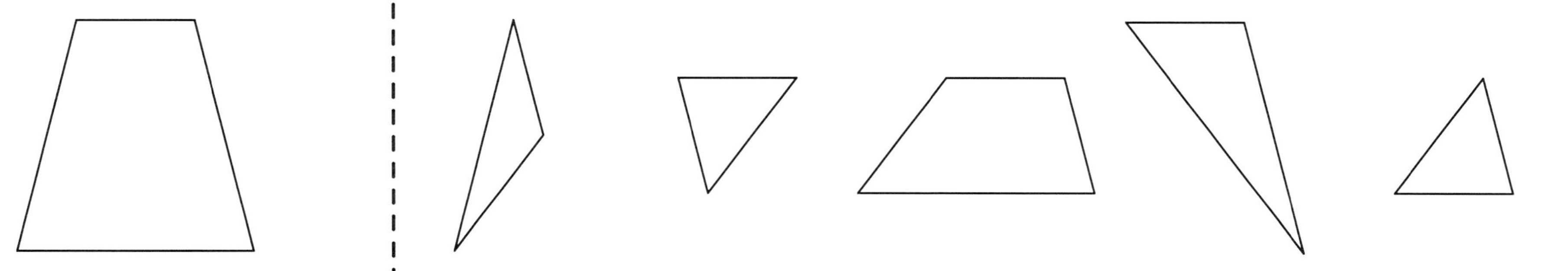

③

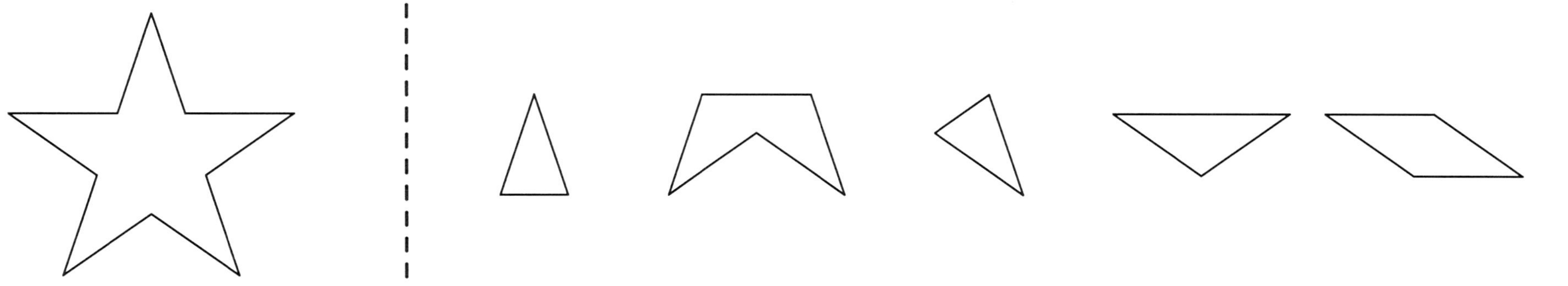

問題２７

①

②

③

①

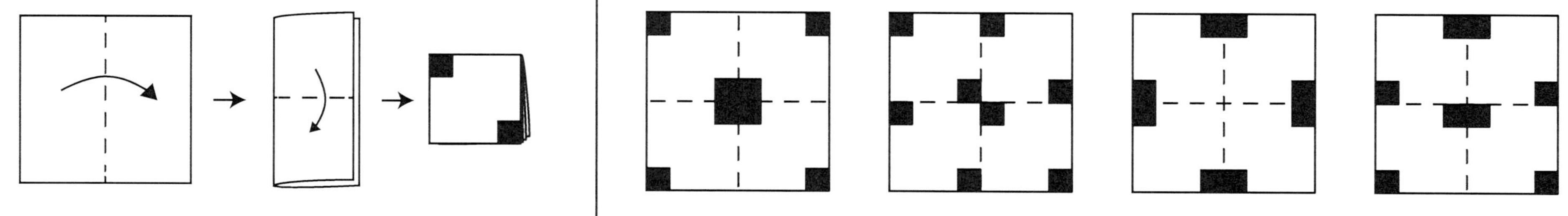

②

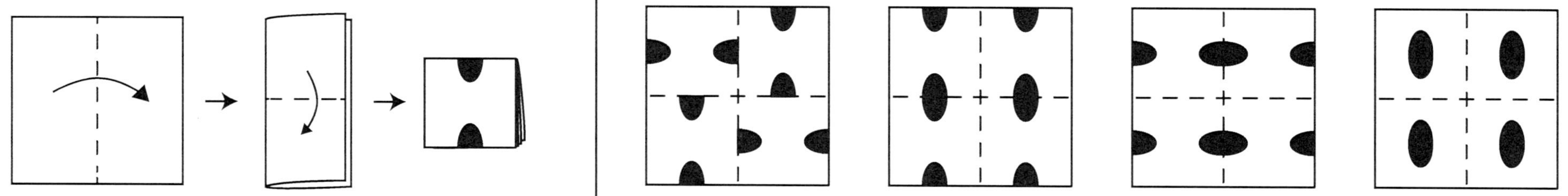

③

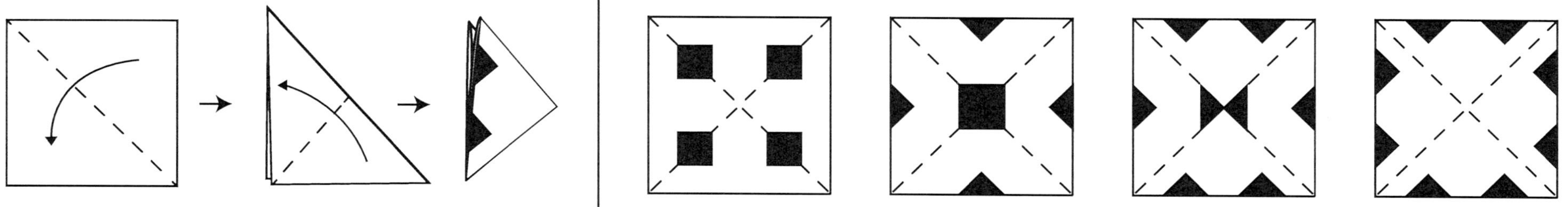

2021年度 附属大泉小学校 ステップアップ 無断複製/転載を禁ずる　日本学習図書株式会社

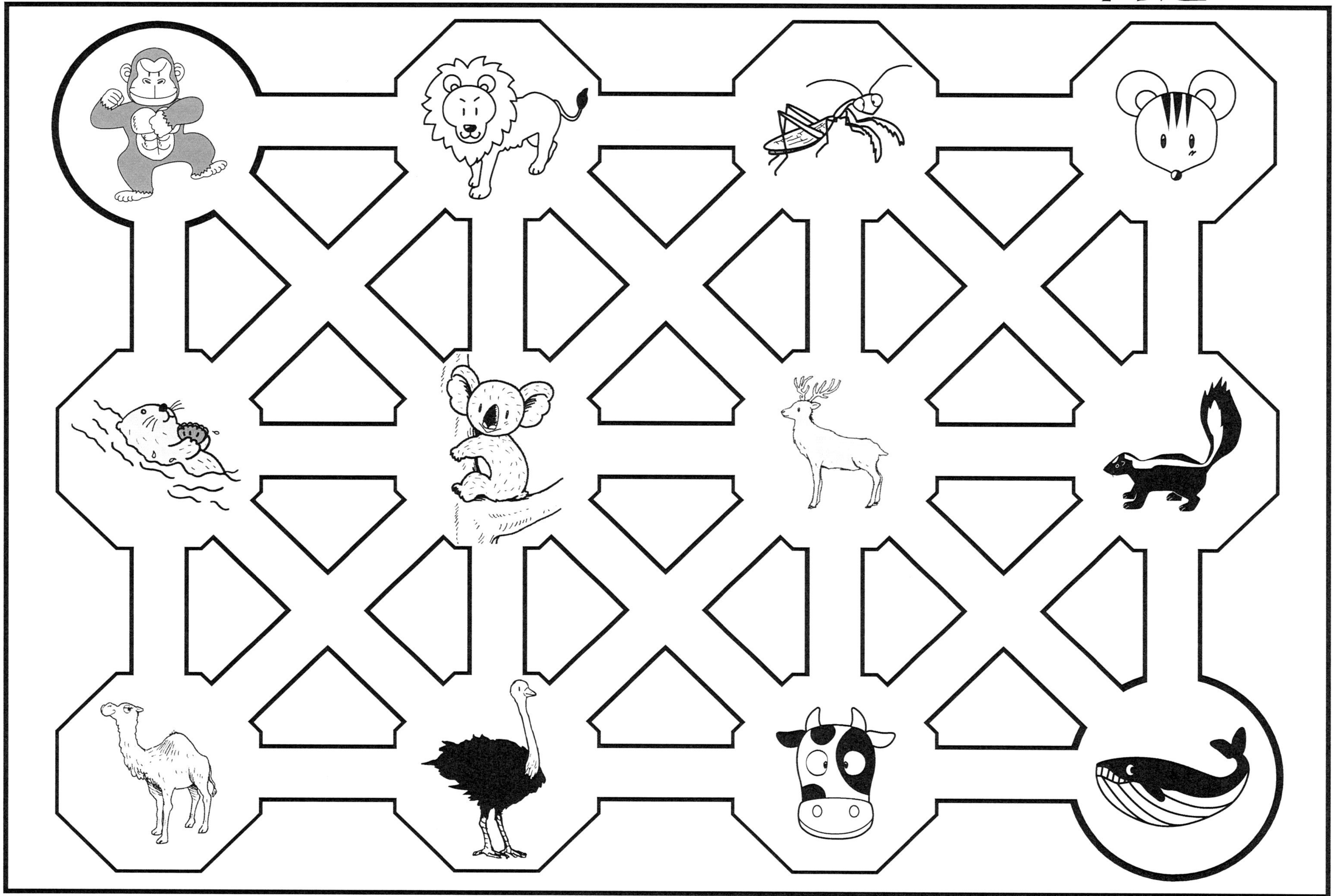

問題 **3 0**

日本学習図書株式会社

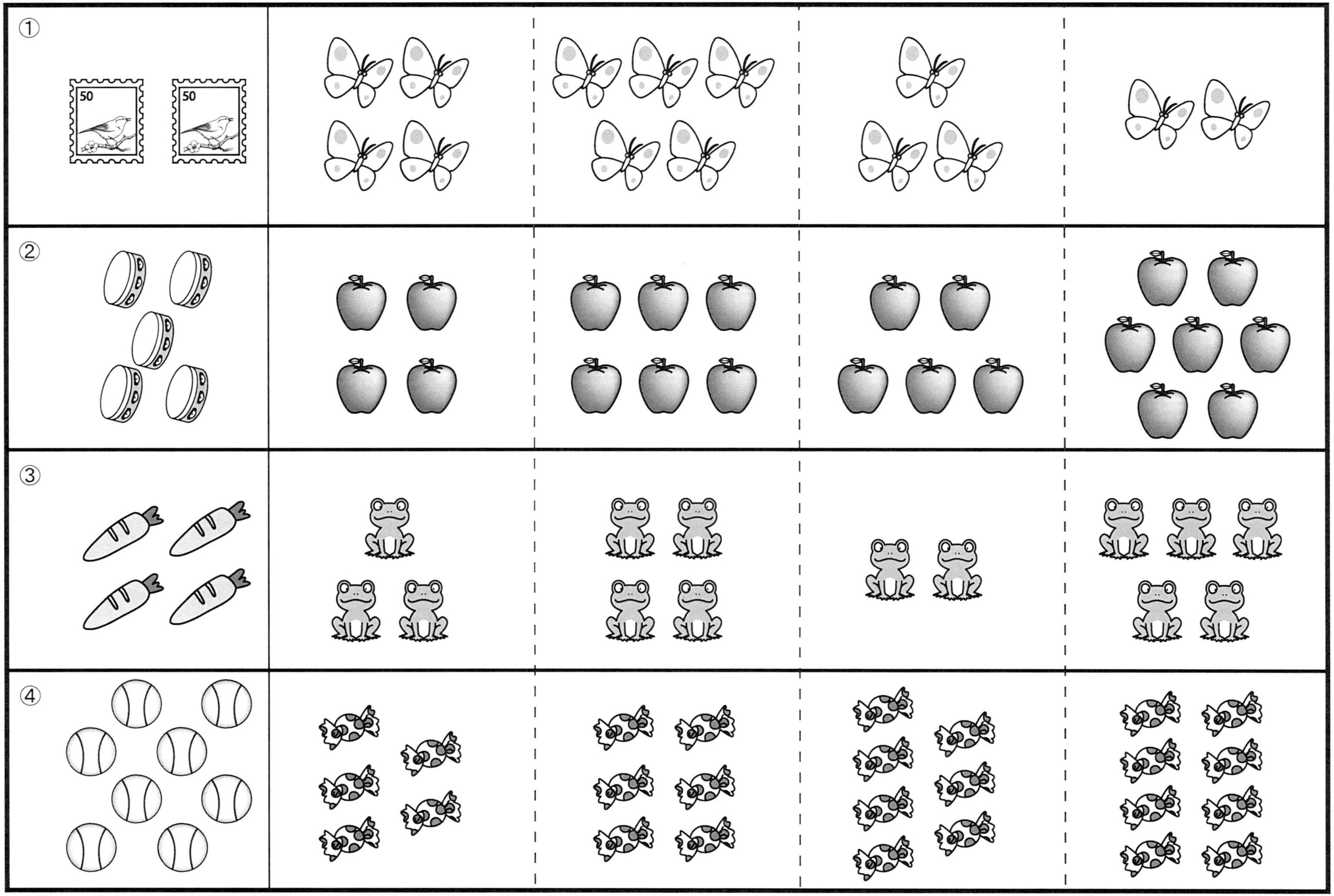

家庭学習を トータルサポート！ ニチガクの **オリジナル 効果的 学習法**

1 まずは アドバイスページを読む！

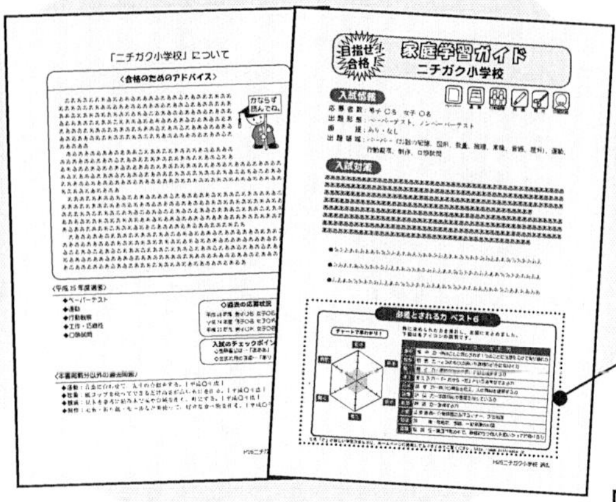

ピンク色です

対策や試験ポイントがぎっしりつまった「家庭学習ガイド」。分析内容やレーダーチャート、分野アイコンで、試験の傾向をおさえよう！

2 問題を全て読み、出題傾向を把握する

3 「学習のポイント」で学校側の観点や問題の解説を熟読

4 初めて過去問題にチャレンジ！

5 プラスα 対策問題集や類題で力を付ける

過去問のこだわり

各問題に求められる「力」

分野だけでなく、各問題の求められる「力」をアイコンで表記！アドバイスページの分析レーダーチャートで力のバランスも把握できる！

各問題のジャンル

問題1 分野：数量（計数） 集中 観察

〈準備〉 クレヨン

〈問題〉 ①虫がたくさんいます。それぞれの虫は何匹いますか。下のそれぞれの絵の右側に、その数だけ緑色のクレヨンで○を書いてください。
②果物が並んでいます。それぞれの果物はいくつありますか。下のそれぞれの絵の右側に、その数だけ赤色のクレヨンで○を書いてください。

〈時間〉 1分

〈解答〉 ①アメンボ…5、カブトムシ…8、カマキリ…11、コオロギ…9
②ブドウ…6、イチゴ…10、バナナ…8、リンゴ…5

出題年度

［2017年度出題］

学習のポイント

①は男子、②は女子で出題されました。1次試験のペーパーテストは、全体的にオーソドックスな内容で、特別に難易度が高い問題ではありません。しかし、解答時間が短く、解き終わらない受験者も多かったようです。本問のような計数問題では、特に根気よく、数え落としがないように進めなければなりません。そのためにも、例えば、左上の虫から右に見ていく、もしくは縦に見ていく、というように、ルールを決めて数えていくこと、また、○や×、△などの印を虫ごとに付けていくことで、数え落としのミスを減らせます。時間は短いため焦りがつきものですが、落ち着いて取り組めるよう、少しずつ練習していきましょう。

【おすすめ問題集】
Ｊｒ・ウォッチャー14「数える」、37「選んで数える」

学習のポイント

各問題の解説や学校の観点、指導のポイントなどを教えます。
保護者の方が今日から家庭学習の先生に！

おすすめ対策問題集

分野ごとに対策問題集をご紹介。苦手分野の克服に最適です！
＊専用注文書付き。

2021年度版　東京学芸大学附属大泉小学校
ステップアップ問題集

発行日　2020年9月18日
発行所　〒162-0821　東京都新宿区津久戸町　3-11-9F
日本学習図書株式会社
電　話　03-5261-8951 ㈹

・本書の一部または全部を無断で複写転載することは禁じられています。
乱丁、落丁の場合は発行所でお取り替え致します。

ISBN978-4-7761-5303-0

C6037 ¥2000E

9784776153030

定価　本体2,000円＋税

1926037020004

詳細は http://www.nichigaku.jp　日本学習図書　検索